空の思想史

原始仏教から日本近代へ

立川武蔵

講談社学術文庫

はじめに

　われわれは通常、自分たちをとりまくものが「存在する」と思っている。机、家、家族、自分の身体などが、「たしかにある」と考えて日々を過ごしている。しかし、本当にそれらは不変のものとして存在するのであろうか。もしかすると、実際はそれらは存在しないのかもしれない。

「もろもろのものは、実在性を欠いており、中味は風船のように空《くう》である」という考え方が、「空の思想」と呼ばれてきた。この思想はインド仏教において生まれた。それはすでに紀元前の初期仏教経典に現れているが、仏教の中心的思想となったのは二〜三世紀の大乗仏教の大成者竜樹《りゅうじゅ》によってである。彼の伝統を受け継ぐ学派は中観《ちゅうがん》論者あるいは「空を論ずる者」と呼ばれ、中観派の思想はインド大乗仏教思想の根幹となった。

　後世、七世紀初頭から台頭した仏教タントリズム（密教）にとっても、空の思想はその理論的基礎となった。中国や日本の仏教において、「空」はインド仏教の場合とは意味をかなり変化させたが、空の思想自体は中国や日本の仏教思想の中核となっている。

空とは何か。空の思想は何を語っているのか。時代と地域によって空の意味はどのように変化したのか。現在では、空の思想にはどのような意味があるのか。これらが本書のテーマである。

仏教の代表的な思想である「空の思想」には神の存在は認められていない。したがって、神に祈るあるいは神を信ずるべきだとは考えられてもいない。外界の対象の実在性を認めないゆえに、眼前に広がる世界に身を託すこともできない。神もなく自己も世界もない、と「空の思想」はわれわれに伝えている。

では、われわれは無の中に住むべきだというのか。われわれは現に生きているではないか。一般には人は言葉を話し、その言葉は社会生活において充分に妥当であり有効である。「空の思想」を確立した思想家竜樹は、空あるいは空性においては言葉は止滅《しめつ》しているという。つまり、空を体得するためには言葉の無となった境地にいかなければならないのである。

細胞活動と言語活動を続けるこの肉体が、あらゆるものの無くなったような境地にどのようにしてたどりつくことができるのか。竜樹はそのようなまったき無を目指すべきだと考えたのであろうか。そもそものような「まったき無」に救いあるいは悟りが存在するのであろうか。
「空」のサンスクリット語は「シューニヤ」であるが、この語は「あるものを欠いているもの」つまり「中味のからっぽのもの」を意味する。中味がなく、さらに中味を入れていた容器も最終的にはないというのが「空」の意味である。つまり「空」はある容器に存する中味の存在を否定し、さらに容器そのものの存在をも否定するという否定作業を踏まえていると考えることができる。

このような「否定の手」はあらゆるものに伸びているがゆえに、空は「まったき無」を目指しているかのように見える。しかし、竜樹自身も述べているように、この否定作業は、否定を通じて新しい自己あるいは世界をよみがえらせるための手段なのだ。すなわち、竜樹自身「まったき無」に何人も住むことができないことは知っているのである。

神、世界、肉体そして言語の存在を否定していった果てに何が残るのかを、竜樹も彼の後継者たちも明確に言い残してはいない。「まったき無」なるものがそもそもありえるのか否かも定かではない。というよりも、空の思想はその「まったき無」がどのようなものであるかを、正面から問題にしたことはない。重要なのは、否定作業の続く中で、「まったき無」に至る前のもろもろの否定の段階において、その都度新しい自己のよみがえりが可能なことである。

「空」とはこのように、否定作業によって自己が新しくよみがえるというプロセスの原動力である。すなわち、㈠「空」にはもろもろのものの存在や言語活動を否定するという側面と、㈡その否定の結果として新しい自己がよみがえるという側面との二面が存するのである。

「空」（空性《くうしょう》）の概念はこの二〇〇〇年余の歴史の中でその意味を変えてきた。しかし「空」の意味の変化は、先に述べた二側面のうち、どちらに焦点をあてているかによって説明できると考えられるのである。おおまかには初期仏教や初期・中期大乗仏教においては第一の否定的側面が強調され、後期仏教や中国、日本の仏教においては第二の側面に力点が置かれたといえよう。

例えば『般若心経《はんにゃしんぎょう》』には「色即是空《しきそくぜくう》、空即是色《くうそくぜしき》」という有名な表現がある。これはこの経典がインドで編纂された当時は、「色即是空」とは「色つまり、色や形のあるものは無常のものであるゆえに執着するな」ということを意味したであろう。しかし、中国や日本では『般若心経』のかの表現は、「色や形のあるままにもろもろのものは真実である」、すなわち「諸法実相《しょほうじっそう》」という意味であると解釈されることが多くなった。

つまり、インドでは「空」の否定的側面が強かったのに対して、中国・日本では空の肯定的側面が強調されるようになったのである。

これはどのような理由によるのであろうか。本書は、この「空」概念の二側面のそれぞれが、仏教史の中でどのように強調されてきたのか、その違いを生んだものは何なのかを問うものである。

さらに、本書はそのような空の思想が、今日の精神的状況の中でどのような提言を行うことができるのかをも問うものである。

目次

空の思想史——原始仏教から日本近代へ

第1章　世界宗教と空

1　宗教の激突

近年生まれてきたグローバル化現象は、好むと好まざるとにかかわらず今後も急速に進むだろう。地球規模の均質な市場ができあがるのか、そのような市場形成に対して大規模な反撃が生まれるのかは不明だ。しかし、多文化間の接触、特に異なった宗教的伝統が、近い将来これまでには見られなかった激しさでぶつかり合うことは確実であり、その激突はすでに起きている。

おのおのの宗教が「聖なるもの」と考える神、世界の根本原理、悟りなどの内容は、数千年にわたる伝統の相違を反映しており、短期間の対話によってその相違の溝は埋められそうもない。しかし、これからの社会は、文化、宗教の相互理解の上にしか成り立つものではないことも確かなのだ。

われわれ日本人は、自らの文化的伝統を他の文化の人々に向かって、精緻な言葉によって説明するという伝統を養ってこなかった。論理的な言葉を積み重ねて整合的な理論体系を構築するといった方向には進んでこなかった。例えば、能、茶道、華道、俳句といった伝統文化には、言葉を精緻にして積み重ねていくというよりも、言葉を可能な限り削りとり、最後には言葉がなくなった境地の中に文化の精髄を見ようとする傾向が確かにある。そのようなものとしてそれらは日本文化を代表してきたし、外国においても理解者を得てきた。だが、これからの世代においてそのような態度は続けられないであろう。インド的あるいはヨーロッパ的な世界の人たちの多数に自分たちの立場を説明するためには、これまでのように言葉をつかわない方法ではなくて、言葉を精緻にして一つ一つ論じて積み重ねていく態度こそが必要なのだ。もちろん新しく世界史の同一舞台に参加してきた地域の人々に対しても。

仏教が日本文化を支えている重要な柱の一つであることに疑いはない。仏教にはさまざまな思想の流れがあるが、それらのうち、最も重要なもののひとつが空《くう》の思想である。空とは究極的に言葉を超えた境地を目指しているがゆえに、空の思想を体系的な言葉によって説明することは非常に難しい。にもかかわらずインドの仏教思想家たちは、空を可能な限り言葉によって説明しようと努力した。だが、日本においては空の思想を理論によって説明することを諦《あきら》めてきたかのように見える。このような態度は今後変わらざるをえないだろう。

2 世界観／目的／手段――行為の三要素

では「空」の立場をどのように説明できるのか。その説明のためにはどのような方法を採るべきなのか。その方法として適切な「窓」を設定することが効果的であろう。空思想の考察および理解のための「窓」として、わたしは行為を選ぼうと思う。行為には三つの要素、すなわち、(一) 世界観、(二) 目的、(三) 手段がある。行為には常に、行為をする場としての世界に関する知、その行為が目指す目的、そしてその目的を達成するための手段という三要素が見られる。現実の世界において宗教は常にそのような行為形態として現れる。それぞれの宗教はその世界観に基づいて目的を設定し、それを得るために実践形態なり方法を選択してきた。

例えば、イスラム教にはさまざまな派があるが、一般的にこの宗教が人々に命ずるのは社会の律法を遵守《じゅんしゅ》することである。『コーラン』が定める社会の律法を守ることがイスラム教徒に課せられるが、この律法を守ることはイスラム教が求める「平和」

を築くための手段である。

イスラム教にあっては個人の精神的な救済は最重要課題ではない。中にはスーフィズムのように個人の精神的救済を追求する傾向の強い派も存在する。しかし、イスラム教全体の中ではこのスーフィズムは異端視されており、スーフィズムの運動が台頭してくるたびに、国家はそれを抑えようとしてきた。現在、例えばイランではこのスーフィズムの伝統が残っているが、国家はスーフィズムの台頭には非常に神経質だ。

一方、キリスト教にあっては、それぞれの信徒が「二本の手」を持っているといえよう。一本は個人的な精神的な救済に、もう一方は社会的規範の方にのびている。個人の精神的救済のみではなく、自分の属するコミュニティーの運命を仲間とともに考えるといった意識が、キリスト教徒には非常に鮮明である。キリスト教徒にとっては教会をどのように考えるかが重要だ。教会をキリストの体と考えるか、キリストが降りたもうた場所と考えるか、歴史的には教会をめぐってさまざまな解釈が生まれてきた。というのは、キリスト教は信仰を同じくする仲間たちが集う教会を核として世界を認識するからだ。教会に属することによってキリスト教徒たちは、仲間とともに神に向き合っていることを心に刻むのである。

ヒンドゥー教も、キリスト教と同じように二本の手を持っている。しかし、ヒンドゥー教の場合にはその二本の手は別々の個体に見られる。つまり、それぞれの家族の家長たちは社会を維持していくための手を、一方、出家者たちは個人の精神的救済をつかもうとする手を持っているのである。もっとも、近代のヒンドゥー教では例えばヴィヴェーカーナンダの思想に見られるように、一人の人間が「二本の手」を意識的に持つようになってきたのであるが。

チベット、日本の仏教などではまた別の状況が生まれてくるが、仏教の原籍地インドでは、仏教は基本的に個人の精神的至福にかかわる手しか持っていない。仏教は元来、個人の精神的な至福を追求する型の宗教であって、社会的な規範を遵守することを第一義としたものではなかった。したがって、仏教は少なくともインドにおいては、家族や地域社会を捨てた修行者の集団を核として伝えられてきた。仏教僧たちは教団に属していたのであるが、その教団は主として個人的精神的な救済を求める者たちの集まりであって、キリスト教の教会のような社会的機能を果たすものではなかった。精神的至福という個人的宗教行為の目的達成を目指すのか、社会的な統制・規範の実現を集団的宗教行為の目的とするのか、あるいは双方の要素をあわせもつのかが、まず宗教の型を決定する。

3　神も世界も存在しない

空の思想が現実に歴史の中で機能するときには、それは行為として現れる。行為であるからには、そこには先述の三要素すなわち世界観、目的、および手段が存在する。では、空の思想はどのような世界観に基き、どのような目的のための、どのような実践形態を提供してきたのか。そのような世界観に基き目標に向かって実践した場合、どのような結果が得られるのであろうか。

空思想が踏まえている世界観について、他宗教の人々と語るときに問題となるのが、神の存在である。空思想にあっては原則的に神あるいは絶対者は存在しない。仏教、特に真宗の信仰についてキリスト教徒と話す場合、「あなたは阿弥陀仏《あみだぶつ》が存在すると考えるのか、しないと考えるのか」という質問をしばしば受ける。キリスト教の信者にとって神が存在するということは当然だ。神が存在しないといえばキリスト教徒ではなくなるであろう。ところが、仏教徒にとって厳密な意味では「阿弥陀は存在する」とも「存在しない」ともいうことはできない。そもそも仏教徒にとっては神ならずともどのようなものも存在するとか、しないというような判断を下すこと自体が究極的な意味では間違いなのである。しかし、キリスト教徒からは「存在するともしないともいえない、ではそれは何なのか」と問われる。結局、双方共に相手の方が「よく分かっていない」という思いを抱くだけに終わってしまう。

「神あるいは根本原理が存在するとはいえない」といった仏教の世界観は、キリスト教徒やイスラム教徒にはすこぶる分かり難いものであるようだ。空の思想では最終的に世界も空である、つまり存在しないという。これは世界観そのものを必要としないといっていることに等しい。だが、後に見るように空の思想はただ単に「神も存在しなければ、世界も存在しない」と言っているわけではない。空に至った後に世界がよみがえり、悟りなどの精神的救済も成立すると主張するのである。

「色形あるもの（色《しき》）は空（空性《くうしょう》）であり、空は色形あるものだ」（色即是空、空即是色）と有名な大乗経典『般若心経』はいう。ここでは色形あるもの、すなわち現象世界が空なるもの（あるいは空なること）であるといわれ、現象世界の実在性が否定されている。また空なることは色形あるものであるといわれて現象世界の存立が肯定されてもいる。このように空の思想は何ものも存在しないとのみいうのではなくて、否定の結果として何ものかがよみがえるということを主張しようとしている。この否定の後に続く肯定が空思想の求めるものであり、さらにこの否定に続く肯定が空思想の実践の内容にかかわるのである。

4　空と自己否定

ソクラテス、孔子、イエス、仏陀は、同じような時期に出生している。これは宗教史にとって重要な出来事である。ドイツの哲学者カール・ヤスパース（一八八三〜一九六九）は、この四人が出た時代を「軸の時代」と名付けた。彼らの思想に共通していることは、個々の人間つまり自己を問題にすることだ。「軸の時代」までは、王が国を守るための儀式であるとか、人々がその社会を守るための律法であるとかが宗教の名において求められてきた。今のわれわれならば自己を問題にすることは当然ではないかと思う。しかし歴史の中においては、個人の精神の問題が考えられるのはそれほど古いことではない。古代エジプトの宗教、セム系ユダヤ人の宗教、古代日本における豪族たちの宗教などにあっては、王あるいは皇帝の死後の世界をどのように考えるかが主要問題となることはあっても、一般の人間が個体として浮かび上がることはなかった。

しかし、セム系の宗教であるユダヤ教的伝統の中から生まれたキリスト教においては事情が異なっていた。イエスが死刑にならねばならぬほど、イエスの宗教は新しかった。何が新しかったのか。個々の人間に「悔い改めよ」といったこと、すなわち個々の人間に自己否定を求めたことだ。彼以前のユダヤ社会においては律法に従って社会的規範を守り、そこから逸脱しないかぎり人は異端者とは見なされなかった。だが、イエスはそれまでの律法主義者たち、伝統的なパリサイ人たちに対して「あなたたちは真の自己を考えていない」と批判した。つまり、イエスは個々の人間の魂を問題にしたのである。

古代インドのヴェーダの祭式にあっては、どのような儀礼をすれば死後天国へいくことができるかというようなことが重要であった。貯金通帳のようなものが天のどこかにあって、これだけ大掛かりな祭式のパトロンになり、これだけの功徳《くどく》を積んだことが記帳されれば天国へいくことができると考えられていた。それゆえ、王族たちは大掛かりな儀式の執行をバラモン僧たちに依頼したのである。

これとは対照的に、釈迦は個々の人間にかかわった。釈迦が問題にしたのは、病を得て老いて死んでいかなければならない個々の人間の精神だった。インド古代史の中で歴史上の人物の行状があれほど鮮明に、個人の生涯を通じて浮かび上がるのは、釈迦の場合のみだ。二千数百年もの昔に生きた釈迦の生涯はまことに詳細に記録されている。これは仏教という宗教が個というものを見据えたことの一つの証拠なのである。このように、「軸の時代」以降個人的な精神的救済が、今日わたしたちが世界宗教と呼んでいる形態の中で追求されてきた。

「軸の時代」の巨人たちは、自己否定を通じて精神的な救済という目的を追求する個々の人間を考えた。「空」の思想は、その流れの中から生まれたのである。

仏陀やイエスの生き方には何らかの自己犠牲、自己規制、自己否定が含まれている。孔子はしばしば弟子と問答をおこなったが、その内容は常に孔子自身あるいは個々の弟子の生き方にかえってくる性質のものであった。その問答は双方の自己規制、自己否定をせまるものだった。イエスの十字架上の犠牲は自己否定そのものだ。自己を犠《いけにえ》にして人々の罪を贖《あがな》ったと考えられてきたのである。マホメットが閉じこもり、一人になって瞑想した時期があるが、それはマホメットにおける自己否定の時期であった。世界宗教と呼ばれる形態には、今述べたような自己否定が含まれている。

仏教においては、空思想がこの自己否定の基礎理論として機能してきた。否定の契機がどのように実践されて、どのようなものを否定し、それがどの程度にまで否定されるのかを見ることが、とりもなおさず空思想がどのように実践されてきたかを見ることなのである。わたしは空思想における以上のような否定に関する理論を、マックス・ウェーバーの「宗教的現世拒否の様々な段階の理論」にならって「空の思想における宗教的現世否定の様々な対象とその程度に関する理論」と名付けてのちほど考察に用いたいと思っている。

5　空思想の未来

しかし、空思想の自己否定を重視する傾向は、その後の仏教の歴史にとって自らの勢力を拡大する契機とはならなかったようだ。仏教的な自己否定の考え方は、結局は現実の社会における経済的、政治的なガイドラインを生み出すことはできなかったのである。

仏教はインドの宗教史の中で特異な位置を占めている。仏教はインドで生まれたのであるが、母なるインドは仏教を外へ追い出してしまう。追い出された仏教は実にさまざまな国に伝播《でんぱ》したが、その後の歴史も厳しいものだ。中央アジアに伝えられた仏教は七世紀にはほとんど滅んでいた。敦煌《とんこう》、西夏《せいか》、金《きん》、大理《だいり》などの仏教も、九世紀から一二世紀頃までに次々と滅ぼされた。チベットの仏教は、一九五九年の動乱によって再興不可能なまでに弱ってしまった。カトマンドゥ盆地に住むネワール人もまた五～六世紀頃からインドの大乗仏教を護持してきたが、この大乗仏教も今われわれの目の前で滅びつつある。さらに、近年の中国における文化革命によってモンゴルの仏教、中国本土に残っていた仏教の伝統もかなりの弾圧を受けた。カンボジアの仏教はポル・ポトの侵攻に遭った。ジャワの仏教も六〇〇年以上前に滅んでいる。バリ島にも仏教は伝えられたが、今日ではほとんど残っていない。日本社会における仏教の役割も近代以降、急速に小さなものになってきた。なぜなのだろう。

近代の人間の特質は、財（富）を肯定的にとらえることである。これに背を向けた思想は近代思想の仲間にはなれなかった。近代思想は財に対してこれをどう蓄積するか、管理するかという問題にとりくんできた。非主流の思想でさえ、現実世界での豊かさを追求してきた。徳川幕府以降の近代日本において、仏教は生産労働、財の蓄積といった問題に関して、ガイドラインになるような思想形態を生み出すことはできなかった。

これは、仏教が求めてきた宗教的財と近代世界が求めてきたものとがずれてきたためだと思われる。仏教の目指した結果である宗教的「財」が、われわれの近代的な意味で世俗化した時代の中ではどうしても受け入れられないものだったのであろう。空の思想は元来、富の蓄積とは反対の方向に走っているのである。
各地域の近代化の歴史の中で、上述のような特質をもつ空思想は、苦戦を強いられてきた。滅びの歴史と呼ばざるをえないような仏教の歴史の中でも、特に空の思想を標榜《ひょうぼう》した学派の凋落《ちょうらく》は際立っている。しかし、だからといって空思想が無意味だというわけではない。このような時代だからこそ意味が存する、と本書は主張したいのである。

空思想の意義は、「歴史とは何か」という問いを改めて考えること、その上で現在を見つめることから見えてくるであろう。それは今、ヨーロッパ近代が考えてきた歴史の概念そのものを問い直すことでもある。歴史とは人間の行為の歴史であるゆえに、歴史の概念を問い直すということは、行為の構造そのものを問い直すことに他ならない。行為は時間の関数であるから、歴史とは何かを考える場合、時間をどのようなものと考えるのかが問題となる。

西洋的な歴史観では、世界観があり目的があって手段を選ぶ、という形の行為を中心に考え、さらに時間が一方的に目的に向かって流れていく、と考えられる。こういった方向の時間を軸に行為を見るときには、歴史を過去から未来へという流れとして見ることになろう。

このような歴史観にあっては、われわれの目的のための手段は効率的、あるいは合理的にならざるをえない。今日、合理的と見なされる方法とは効率のよい方法に他ならない。いわゆるグローバル化現象もまさに効率のよさを求める方向に動いている。ただこういったあり方が本当に人間というものを幸せにするのかどうかは、不明だ。目的を設定すれば、それに至る手段として効率よく迅速にその成果の多い方法を選ぼうとすることは当然のことであろう。だが、近現代の多くの思想家たちが、近代をつくりあげてきた主流の思想に対して疑問をなげかけている。人間の行為がこのまま効率を求め続け、しかも何の自己制限もなくすすんでいったときに、一体人間がどこに行き着くかという大きな不安について語りはじめている。この不安をさまざまな角度から説明しながら、近現代の多くの思想家たちが警鐘を鳴らしているのである。

自己否定を思想の核として有している「空」の思想は、現代においてわれわれ人間たちが効率のよい手段をひたすら求めていくことに関しても否定の手を伸ばすはずだ。そのようなものとして、空思想はこれからの人間が依るべき行為基準を指し示しうる可能性を有しており、その方向へ育っていく使命を、仏教にたずさわるわれわれは持っているのだ、とわたしは思っている。

第2章　ヒンドゥー哲学と空思想

1　神、世界、人間

空の思想がどのような世界観を有するのか、キリスト教やヒンドゥー教との対比から考えてみたい。ユダヤ・キリスト教的な世界観を形成する主要な要素として神、人間、世界という三つが考えられる。「世界観」という場合の「世界」という語は広義に用いられており、神と人間および人間の住む器としての狭義の世界の三要素を総合して「世界」と呼んでいる。キリスト教では神は人間と世界を創造したものであるが、この場合重要なことは、神と人間との間には越えることのできない断絶があることだ。

もちろん、単に断絶のみが存するというのではなくて、神と人間との間にどのような接点が存在するかはキリスト教にとって大きな問題であった。例えばイエス・キリストは受肉した存在、すなわち、人の形をとった神の子として、人間の世界へ神によりつかわされた存在である。子を通じて神は人間との関係を保とうとする。そして神、子と聖霊の三位《さんみ》は、すべてのキリスト教の派においてではないが、一体であると考えられてきた。神が人間の中、世界の中にどのように自分の力を、神のわざを示しうるかということがキリスト教の思想史の課題であった。

このように人間と神とはまったく断絶したものではないが、プロテスタントにせよカソリックにせよ、キリスト教の神は人間を超えて存在するものである。たしかに『旧約聖書』（『旧約』）の中ではあたかも神が人の姿を有していると解釈されうるような場面がないわけではない。しかし、『旧約』の神は、インドの場合のように人間のような姿をとって戦争をしたり結婚をしたりはしない。ユダヤ・キリスト教的伝統では、神を人間に似た姿に図像化することは原則として禁じられてきたのである。

ユダヤ・キリスト教的伝統と同じ根から出てきているイスラム教においては、神を人間の姿であらわすことを今もって禁じている。イスラム教のモスクの壁や天井には『コーラン』から引用された文字、文句、ユリなどの花が美しくしかも念入りに描かれているが、人に似た姿の神を見つけることはできない。神を人間に似た姿で描くことによって、神を人間の世界の中へ降ろしてしまわないようにという伝統が今もって生きているからだ。

すでに述べたように、キリスト教の立場にあっては、神は人間をつくった、と考えられている。そして、世界は神が命じた行為を人間が遂行するときの素材と考えられている。神の行為を遂行するためではあるが、人間が世界を支配することは神によって許されているのである。

したがって、キリスト教的世界では、世界そのものの中に神の姿を強く求めることは禁じられてきた。石とか樹木などの自然物あるいは人間の中に超自然的な力を求めることは、人間に許された領域を超えることだと考えられたのである。そして、そのような「不遜な態度」は魔女崇拝とか悪魔崇拝と見なされて、弾圧あるいは抑圧されるのも珍しいことではなかった。

「世界あるいは自然は無機物のものであり、その無機な自然に対する加工が労働なのである」とカール・マルクスは考えた。つまり、世界は人間が労働するときの素材であり、世界は加工すべき対象でしかなかったのである。このような考え方も、キリスト教的世界観に依存したものといえよう。

さて、ヒンドゥー・仏教的世界観にあっては、かの三つの要素の位置関係が変わってくる。キリスト教的世界観では神、人間、世界という順序で挙げるべきであろうが、インド的な世界観では、神、世界、人間という順に並べるのが適切であろう。キリスト教とは対照的に、インドの宗教では神は世界と非常に近い関係にある。ヒンドゥー教ではしばしば「神はすなわち世界である」と考えられる。キリスト教においては、神と人間および世界には超えることのできない溝があったが、ヒンドゥー教では人間と神との距離も近い。

ようするに、神は世界であり、しかも宇宙の根本原理ブラフマン(梵《ぼん》)と個々の人間の有するアートマンつまり自己(我《が》)は本来同一のものであるというのがインドのバラモン正統派の考え方である。つまり宇宙と人間個人は本来同質なのである。ここでは、神イコール世界イコール人間という図式が成立する。すなわちヒンドゥー的世界観にあっては、キリスト教におけるような神と世界との間の断絶はないのである。

仏教は一般には、絶対的な神の存在を否定するが、一方では人間がもちうる特性としての悟りが存することは認める。ところが空思想は、悟りの存在さえも一度は否定する。「世界もない、人間もない、さらには悟りもない」と空思想は主張する。すなわち、空思想では否定の対象はすべてのものであり、しかもその否定の程度は徹底しているのである。

このように世界も悟りもないというようなことは、ヒンドゥー教においては主張されない。また、ユダヤ・キリスト教的伝統においても言われない。このような徹底した現世否定は空思想の空思想たる所以《ゆえん》なのであるが、空思想さらには仏教が理解しにくいことの主なる原因ともなっている。悟りも世界もない、とはどういう意味なのか。どのような意味において世界等が存在しないというのか。われわれは、空思想が主張する非存在の意味をインド哲学の流れの中で見ていきたい。

2　インド宗教史の六期

インドの宗教史は、おおよそ以下の六期に分けることができる。

第一期　紀元前二五〇〇年頃〜前一五〇〇年頃　インダス文明の時代
第二期　紀元前一五〇〇年頃〜前五〇〇年頃　ヴェーダの宗教の時代（バラモン教の時代）
第三期　紀元前五〇〇年頃〜紀元六〇〇年頃　仏教などの非正統派の時代
第四期　紀元六〇〇年頃〜紀元一二〇〇年頃　ヒンドゥー教の時代
第五期　紀元一二〇〇年頃〜紀元一八五〇年頃　イスラム教支配下のヒンドゥー教

の時代

第六期　紀元一八五〇年頃〜現在　ヒンドゥー教復興の時代

第一期においては多神教的崇拝が存在したと推定されるが、その実態は今日まだよく分かっていない。第二期は五河（パンジャブ）地方に侵入したインド・アーリア人が、ヴェーダ聖典に基いた祭式を行っていた時代である。第三期にはヴェーダの宗教の勢力が衰えるとともに、新しい形の宗教である仏教やジャイナ教が生まれてきた。さらに、第三期の後半には、かつてのヴェーダの宗教が非アーリア的な文化の要素を汲み上げながらヒンドゥー教として生まれ変わっていた。

インドにおいて哲学学派が生まれるのは第三期においてである。仏教では紀元一世紀頃にはかなり精緻な哲学的理論が構築されていた。ヒンドゥー教においては少し遅れて第三期後半の時期にさまざまな哲学学派が形成された。第四期にはヒンドゥー教の勢力は仏教のそれを凌《しの》いでおり、哲学的にもヒンドゥー教の方に優れた思想家が現れた。第五期にはイスラム教徒の政治的支配をうけたが、その間もヒンドゥーの哲学学派は発展を続け、新しい学派を生んだ。第六期にはヒンドゥー教が復興し、近代化を進めてきた。

インドのほとんどの宗派あるいは学派は哲学的理論体系を有しており、その哲学は世界の構造に関する体系を含んでいる。仏教もまたこのようなインドの宗教の哲学的傾向を有している。空思想自体は、世界の構造に関する知の体系をむしろ破壊しようとするが、これはインドの一般的傾向、特にバラモン正統派に対するリアクションなのである。したがって、空思想の特徴を理解するためには、バラモン正統派がどのように世界の構造を考えたかを見る必要があろう。

3　インド思想における世界の構造

インドの人々が世界の構造について考える場合、彼らは属性とその基体という対《つい》概念によって考察する傾向が強い。実体などの基体の上に大きさなどの属性が載っているというように考えるのである。例えば、「この本は重要だ」という命題は「この本には重要性が載っている（重要性がある）」と解釈される（三九頁図1参照）。この場合、本は実体であり、重要性は属性である。

次に、「この紙は白い」という命題を考えよう。この命題は、「この紙は白いものの集合（クラス）の一つのメンバーである」というように読みかえることもできる。しかし、インドの哲学的な論議においてはかの命題を、「この紙には白色という属性がある」と読む方が好まれるのである。

ある基体（y）にあるもの（x）が存すると考えられる場合、xをダルマ（dharma 法）とよび、その基体yをダルミン（dharmin 有法《うほう》）と呼ぶ。「法」という語にはさまざまな意味がある。掟という意味もあり、義務、正義でもあり、教え、さらにはあらゆるもの、存在をも意味する。一方、哲学的な論議においてダルミン（有法）と対になった場合には、ダルマがそこで存在する基体を意味する。

もう一度白い紙を考えてみよう。この紙には、無色透明ではあるが基体として一つの場があって、その場には白色という属性があり、さらに大きさ、形、匂い、重さといった属性も存すると考えられる。

さて、これらの属性を取り除くことができたと仮定してみよう。白色を取る、匂いを取り除き、重さを取るというようにして、すべての属性を取り除くことができたとしよう。最後に何か残ると考える人もいるだろうし、何も残らないと考える人もいるだろう。

結論的にいって何も残らないという方が仏教的なのである。無色透明ではあるが基体と呼ぶべき何ものかが存在するというのが、バラモン正統派の考え方である。紙と

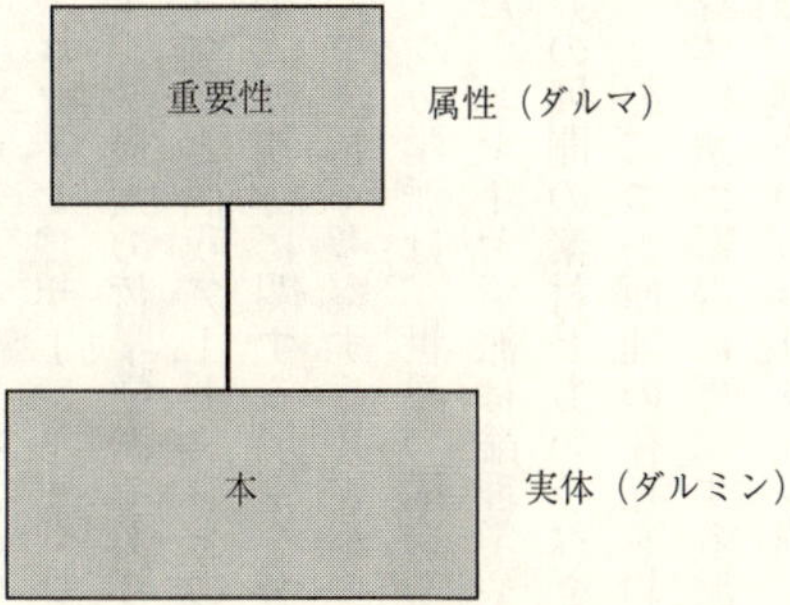

図1　属性の実体における存在
（上下二つの四角を結ぶ垂直線は属性が実体に存することを表す）

いう基体から白色などの属性を全部取り除いた後にも、目には見えない、匂いもしない、しかし、それがなければ成立しないというような場が残る。何かそのような場がなければ、さまざまな性質が集まった現象世界が成立しないだろう、というのがインドのバラモン正統派の考え方である。

右に述べたように、基体が存在するかしないかという観点からインドの哲学派を二分することができるが、インドの哲学学派を分類するための異なった観点がある。すなわち属性とその基体の間に明確な区別があるのか、あるいは明確な区別はないのかという観点である。前者はインド型の実在論と呼ばれ、後者はインド型の唯名論と呼ばれる。このように二種の二分法を使って、哲学学派を特徴づけることが可能である。

インドのバラモン正統派の中にヴェーダーンタ、ミーマーンサー、ヴァイシェーシカ、ニヤーヤ、サーンキャ、ヨーガの六派が数えられる。第一のヴェーダーンタ学派はインド最大の哲学学派であり、インドの哲学の中核である。この学派は宇宙原理ブラフマンと個我アートマンとの本来的同一性を主張する。第二のミーマーンサー学派は祭式の執行に関する規定を考察する学派であるが、祭式の執行を命ずる文章や文脈などを詳しく考察する必要から、この学派は言葉の機能に関して研究した。ヴァイシェーシカ学派は、世界の構造を有限個の構成要素の組み合わせによって説明しようとした。ニヤーヤ学派は論理学や認識論を特に研究した学派である。サーンキャ学派は世界の展開の素材ともいうべき原質（プラクリティ）と純粋精神である霊我（プルシャ）との二つの原理の存在を想定した。最後のヨーガ学派はヨーガというインド古来の身体技法の習得に専念する派であるが、その基礎理論は初期にはサーンキャ学派に依り、後世はヴェーダーンタに依った。これらの六派のうち、ヴェーダーンタは唯名論に属し、ミーマーンサー、ヴァイシェーシカ、ニヤーヤは実在論に属する。サーンキャ学派や初期のヨーガ学派はいわば中間にあるといえよう。

唯名論的立場は二種に分かれる。つまり、基体は存在すると考える立場と存在しな

<table>
<tr><th>仏教（非正統派）</th><th colspan="2">バラモン正統派</th></tr>
<tr><td>基体が存在しないと考える</td><td colspan="2">基体が存在すると考える</td></tr>
<tr><td colspan="2">唯名論（属性とその基体とには明確な区別がないと考える）</td><td>実在論（属性とその基体とには明確な区別がある）</td></tr>
<tr><td>仏教</td><td>ヴェーダーンタ学派</td><td>ニヤーヤ学派、ヴァイシェーシカ学派、ミーマーンサー学派</td></tr>
</table>

図2　バラモン正統派の思想と仏教思想

いとする立場の二種である。前者にはヴェーダーンタ学派に代表されるヒンドゥー哲学が属し、後者には仏教が属する。このように、バラモン正統派の中に実在論と唯名論の両方の立場があり、そして唯名論の中にはバラモン正統派の一部と非正統派の仏教が属している。以上のような観点からインド哲学の各学派を前頁の図2のように分類することができよう。

つまり、ヴェーダーンタも仏教もインド型の唯名論に属し、実体と属性の区別ははっきりしていないと考えている。では、ヴェーダーンタと仏教とはどこが違うのか。ヴェーダーンタは、かの基体が存在すると考える。基体と属性との間には明確な区別がないが、ともかくもかの基体は存在すると考えるのである。

われわれの考察にとって重要なのは、この基体が実は世界の根本であるブラフマンだということだ。ヒンドゥー哲学は属性が存在する基体、すなわちブラフマンは存在するという。しかし、この基体としてのブラフマンは決してキリスト教的な創造主ではない。キリスト教の場合は、神が世界そのものとなることはない。ヒンドゥー教あるいはバラモン正統派の場合には、ブラフマンはそこから世界が展開し、顕現する根本物質となる。しばしば、それが世界そのものになるのである。

仏教の場合には、現象つまりダルマは基体ダルミンを吸いあげてしまっているかの

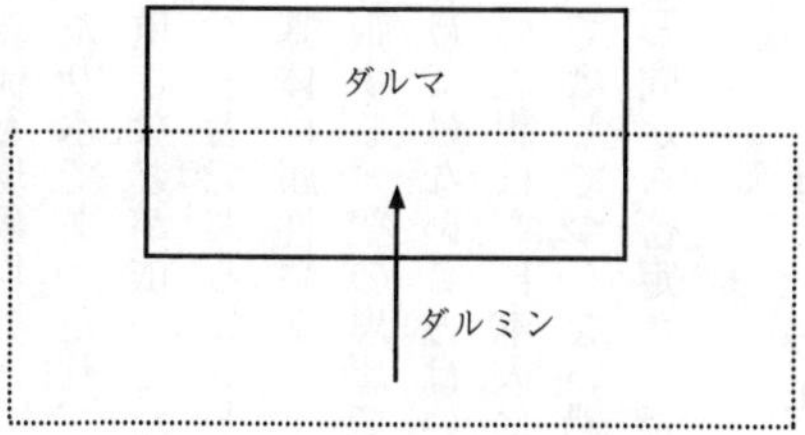

図3　仏教的唯名論におけるダルマとダルミン
（点線は基体の存在が認められていないことを示す）

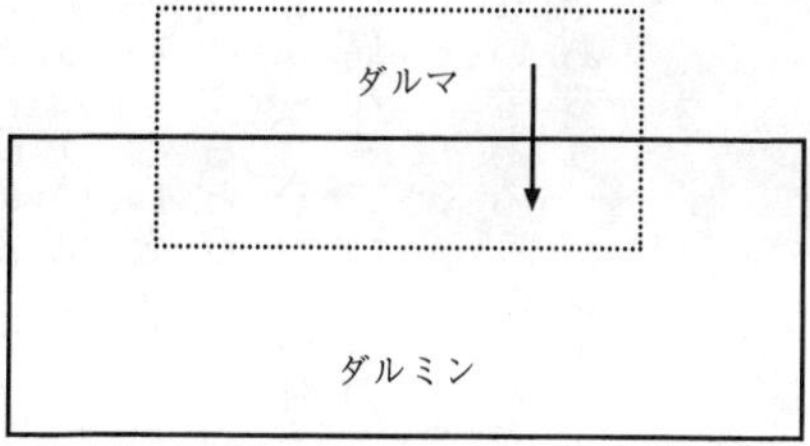

図4　ヒンドゥー的唯名論におけるダルマとダルミン

ような状態であり、ダルマと明確に区別できるようなダルミンは存在しないと考えられる（前頁図3参照）。

仏教徒も現象世界は一応存在するように見えることは認める。木であったり人間であったり水であったり、ともかくもそれらは存在するように見える。しかし、匂い、形、重さなどが依ってたつような無色透明な場は存在しないと仏教では考えられる。反対論者であるヒンドゥー教徒が基体に属性が存在すると言うのに対して、空思想は「基体は属性に関しては空であり（属性は存在せず）、さらに基体も存在しない」と主張する。空の思想では、基体と属性とが明確に異なる二つのものと考えられているわけではないことはいうまでもない。

空の思想は、日本人にとってそれほど違和感がないであろうが、バラモン正統派にとってはとてつもない過激分子として映ったことであろう。バラモン正統派の考え方が真っ向から否定されたからだ。

4　バラモン正統派の世界観

インド最大の哲学学派ヴェーダーンタ学派は、基体としてのブラフマンあるいは神は存在するが、属性と実体の間に明確な区別はないと考え、バラモン正統派の唯名論を代表する。この学派の大成者はシャンカラだ。彼は八世紀の人物で、三〇代で死んだといわれている。この哲学者はブラフマンのみが実在であり、現象世界はすべて実在であるブラフマンの中に飲み込まれたようなものと考える（四三頁図4）。

シャンカラの思想モデルとして、フルーツゼリーを考えてみよう。ゼリーの中に入っている小さく切られたオレンジ、ピーチ、サクランボなどの「具」は、すべてゼリーの中に閉じ込められている。ゼリーがブラフマンにあたり、オレンジなどが属性にあたる。フルーツの色や形などの現象はゼリーを通して見ることはできる。しかし、ゼリーという基体の外では存在しない。シャンカラによれば現象世界は幻（マーヤー）なのである。幻といっても現象世界が無だというわけではない。それなりの存在性は認められているのであるが、このブラフマンに付随する性質として、このようにわれわれに視覚されるのみだと考えられている。

シャンカラの哲学的立場は、アドヴァイタと呼ばれる。この語は「不二論《ふにろん》」と訳されることが多いが、「アドヴァイタ」の「ア」は「空」（シューニヤ）と同様に、あるものを欠くという意味を有し、「ドヴァイタ」とは第二番目のものということである。したがって、「アドヴァイタ」とはいわば「第二者不在論」を意味する。つまり、第一番目のものであるブラフマンは存在すると主張されているのである。しかし、第二番目のものである現象も空思想において考えられているよりはその存在の度合いは強いのである。

インドでは「アドヴァヤ」（advaya）という語もよく用いられるが、これは「二つのものを欠いた状況・境地」を意味する。二つのものとは、属性とその基体、見るものと見られるもの、無と有などの二つをいう。これらの二つのもの、第一番目のものも第二番目のものも両方共に存在しないというのである。これは仏教的な立場である。このようにヒンドゥー教と仏教の世界観の根本的な違いが「アドヴァイタ」と「アドヴァヤ」の二語に反映している。もっともその違いは、キリスト教と仏教との違いに比べるならば小さなものであるが。

一一～一二世紀のヴェーダーンタ学派の思想家であるラーマーヌジャ（一〇一七～一一三七）は、基体としての神イーシュヴァラの上に世界と個我とが載っていると考える。この場合、世界と個我とは神の身体であるとみなされている。この思想のモデルとしてはショートケーキがふさわしい。つまり、ショートケーキのスポンジは神であり、スポンジの上に載るイチゴと生クリームは神の身体としての世界と個我である。シャンカラの思想モデルであるフルーツゼリーでは、オレンジなどのすべての具がゼリーの中に閉じ込められていたが、ラーマーヌジャの思想モデルであるショートケーキでは、イチゴと生クリームはスポンジの上に出ている。つまり、世界と個我とは、神という基体の中に入り込んでしまってはいないのである。

世界と個我は、しかし、ラーマーヌジャにあっては神が存在するようには存在しない。あくまで神が第一のものであり、世界と個我とは第二番目のもの（ドヴァイタ）である。シャンカラの思想と同様、ラーマーヌジャの思想もアドヴァイタ（第二者不在論）と呼ばれる。われわれの考察にとって重要なことは、シャンカラの場合もラーマーヌジャの場合も、ともかくも基体としてのブラフマンあるいは神イーシュヴァラは存在すると考えられてきたことである。

九世紀以降になると、ヒンドゥー教の中でタントリズム（密教）が理論的な体系を持つようになった。例えば、カシミール・シヴァ派、南インドのシャイヴァ・シッダーンタ派、ヴィシュヌ系のパンチャラートラ派などが挙げられるが、それらはバラモンたちによって作り上げられた精緻でタントリックな（密教的な）体系である。タントリズムでは、男性原理であるシヴァあるいはヴィシュヌと、女性原理であるシャクティ（妃）とが等価値であることが強調される。シャクティとは力という意味であるが、ここでは世界も結局は女神の力によって生まれたものであると考えられている。

タントリズムの思想モデルはバウムクーヘンがふさわしいであろう。バウムクーヘンでは焦げ目の付いた部分と焦げ目の付いていない部分とが渦巻状に巻かれているが、このようにシヴァやヴィシュヌの男性原理とそのシャクティ（妃）はひとつになるのである。

ヴェーダーンタおよびヒンドゥー・タントリズムの歴史にあっては、この現象世界の実在性が、どれほどのものと考えられようとも、ブラフマンあるいは神はともかく存在するのである。これは鉄則である。ショートケーキ型になろうとバウムクーヘン型になろうと、神は存在する。二番目のものがない（アドヴァイタ）というのは一番目のものが存在するということを意味する。仏教のアドヴァアヤ、つまり基体と属性、神と世界などの二つとも存在しないという考え方との差異は明白である。

5　ヒンドゥー実在論

ここでヒンドゥー実在論について少し述べておきたい。実在論は空の思想の対極に位置するものであって、空の思想を理解するためにも実在論の特徴を知っておく必要がある。「この本は重要だ」という命題を、「この本には重要性が存する」と書き直すことができることはすでに述べた。そして基体に属性が存するという形式を有するこの命題を、さきの図1のように書き表すこともすでに述べた。さて「この紙には重要性は存しない」という命題の内容は次頁の図5におけるように表現できる。つまり、上下に並べられた二つの長方形の間を点線で結ぶことによって特定の属性が基体に存在しないことが表現されているのである。

インド型実在論によれば、世界は積み木細工のようなものであり、図1および図4に示された構造を積み重ねていくことによって、複雑な世界構造を示すことができるのである。今「xがyに存する」をA(x, y)と置こう。そしてyA(x, y)は、「xはyに存する」という関係にあるそのようなyを意味するとしよう。

すると、zA{yA(x, y), z}は、xがyに存し、yがzに存するとき、そのようなzを意味する。これを図示すれば次頁の図6のように表現できる。

このようにして、ヴァイシェーシカ学派によれば、世界の構造は基体と属性の関係を軸にして示すことができるのである。だが、空思想はこのような図式を認めない。このような構造が存在することは世界が存在することを意味し、世界が成立している限り究極的な悟りの知恵は得られない、と空思想は主張するのである。

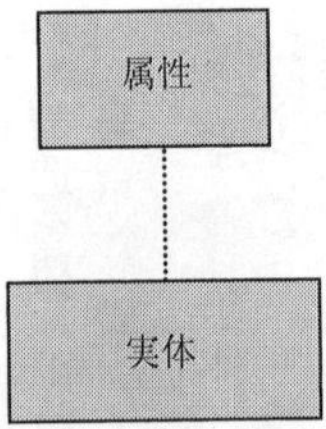

図5　属性の実体における欠如
（点線は属性の実体における欠如を表す）

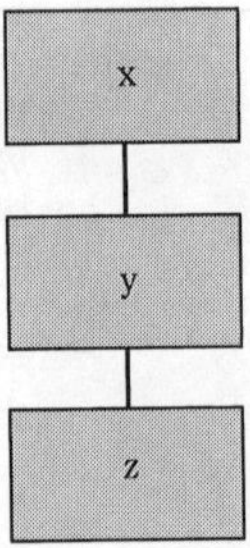

図6　実在論における世界の構造

6　空（シューニヤ）という語

次に「空」という語の意味を考えてみよう。「空」という漢字は、サンスクリットの形容詞「シューニヤ」（śūnya 空なるもの）と抽象名詞「シューニヤター」（śūnyatā 空なること、空性）との両方の訳語として用いられる。抽象名詞である場合は「空性《くうしょう》」と訳す場合も多い。また「シューニヤ」という語はゼロを意味するが、現在のヒンディー語でも「シューニヤ」はゼロの意味に用いられている。

「空」という漢語の意味の一つは、すいているということだ。例えば「今日は電車がすいていた」という。これは、客車の中の乗客が少なかったことをいう。また、「腹がすいた」というときは、腹自体がないのではなくて胃の中にあるべきものがないことをいう。入れ物であるyの中にあるべきxがないのが「空」という漢語の基本的意味なのである。

このような空の意味は、サンスクリット「シューニヤ」という語の意味とよく合う。「シューニヤ」というサンスクリットの語は基本的には、「あるもの（y）においてあるもの（x）が存在しない」を意味する。「シューニヤ」という語は一般に「y

はxに関して空である」という形式で用いられ、「yにxが欠けている」「yがxをもっていない」を意味する。

ところで、yはxを欠いたものだというとき、xが何でありyが何かが問題である。仏教にあっては、かのxとyとは具体的にどのようなものとして現れるのか。例えば『般若心経』のサンスクリット・テキストは、「世界の五構成要素（五《ご》蘊《うん》）は自《じ》性《しょう》に関しては空である」という。この場合、自性が何かということと同時に、五構成要素と自性がどういう関係にあるのかが問題である。かの構成要素と自性とは、徳利《とっくり》とその中のお酒のようなものではない。また、ペットボトルとその中のお茶のようなものでもない。お茶とペットボトルとはまったく異なった物体であり、お茶がなくなってもペットボトルは存在する。しかし、構成要素としての色《しき》（物質）などと自性の関係は、自性がなくなってももう一方のものである構成要素などが存在するというような関係ではないのである。

極めて薄い膜でできた袋があり、その袋の中に水を入れることができたとしよう。この場合、水は自性に当たり、水の入った袋全体は構成要素に当たる。水つまり自性がなくなったときには袋（基体）のみが残るのであるが、この基体はほとんど無に等しい。空とは自性がないことだというのは、袋に入った中味がなく、袋もあるかなきかのものであるゆえに、結局は袋もその中味もないような状態を指しているのである。後ほど見るように、オブラートのように極めて薄い袋とその中の水とは、空思想における基体（y）とその中のもの（あるいは上のもの、x）とに例えることができるのである。

xがyにないという場合、xとyがどういう関係にあるかということが空思想の核心である。空とは基本的には、xがyにないということであるが、xがないという場合、xの非存在の場所が必要となろう。しかし、空思想ではxの存在すべき場であるyは存在しないという。要するに空思想は「xはyに存在する」という命題を認めないというのである。ということは、「犬に歩くことがある」つまり「犬が歩く」ということも、「花が咲く」ということも、すなわち「あるものが動作をなす」という命題を認めないことになる。もっともこれは空思想の有する否定的側面なのであって、肯定的側面は、いちど無へと導かれた言葉がよみがえると主張するのであるが、後世には空の意味は変化してきた。少なくとも、中国や日本においては空の思想の力点に変化が見られるのである。何々がないという否定的な側面が強調されるのではなくて、中国や日本では空が肯定的に解釈されて、真理の意味になってしまうのである。真如とか真実という意味にも用いられる。すると、「色即是空、空即是色」という表現は、色すなわち物質は真実だということを意味することになる。

もともと色には実体がない、永久不変な実体がない、無常なものだという側面が支配的であった。ところが後世、物質は真如だというようになった。禅宗のように、すべてのものの姿はリアリティを表しているものだということになると、インド的な意味とは違ってきたといわざるをえない。少なくとも、インド仏教における空の意味とは力点が異なってきたということができるであろう。

第3章　インド仏教の空思想

1　言葉と空

第2章において述べたように、インドの哲学思想史においてインド型の唯名論と実在論が抗争を続ける中で、仏教はインド型の唯名論の中に位置した。この唯名論の哲学的特徴は、基体としてのブラフマン、つまり神と現象世界との間にはっきりした区別はないということであった。一方、この基体つまり実体と属性との間には、はっきりした区別がある、という説がインド型実在論とよばれた。そして仏教諸派はおおむね唯名論に属したのである。

空思想はインド型唯名論の典型であり、神としての基体の存在を認めず、基体と現象世界としての属性との本質的な区別も認めない。さらに現象世界も究極的には存在しないと考える。

本章では、以上のような空の思想がインド仏教史の中でどのような位置を占めるかを考えつつ、インド仏教の歴史を概観しよう。その際のひとつのてがかりとして、キリスト教における言葉の問題との比較を考えたい。『新約聖書』「ヨハネ福音書」(一―一)に、「初めに言葉(ロゴス)があった、そしてその言葉は神とともにあった、そして言葉は神であった」とある。この「言葉」とは神によって話された言葉、つまりスピーチというような意味のみではなく、論理、理、理性といった意味をも含んでいる、とキリスト教神学においては解釈されてきた。

ところで、「言葉(ロゴス)は神とともにあった」および「言葉は神であった」という二つの表現がなされていることに注目しよう。この場合、「言葉は神とともにあった」とは、言葉は少なくともある側面では神そのものではないことを意味している。次に「言葉は神であった」と書かれているが、言葉は神であった、という表現と、言葉は神とともにあった、という表現との二つがあることは、言葉と神がいわば相対するものでもあったことを意味する。事実、キリスト教の伝統の中では、言葉すなわちロゴスと神とが常に友好的であったというよりは、言葉は神をたえまなく追いかけ、神は言葉の追求を逃れようとしてきたように思われる。どのように精緻な言葉が積み重ねられようとも、言葉は神そのものではないと多くのキリスト者が考えていたのである。一方、神はロゴスそのものであり、世界の歴史はロゴスの自己展開に他ならないと考える哲学者もキリスト教的伝統の中にはいた。

このように、神は言葉そのものであるという考え方があったと同時に、言葉をどのように精緻に積み重ねようともそれは神との乖離《かいり》を示すだけであって、言葉そのものは結局神には到達できないという考え方も西洋の歴史の中にはあり、この二つの伝統は抗争を続けてきた。「ヨハネ福音書」に、「言葉は神とともにあり」および「言葉は神であった」という二つの文章が並んでいることは、その後のキリスト教の思想史を暗示しているかのようである。

空の思想史の考察にとって重要なのは、「言葉が神とともにあり、言葉は神であった」というキリスト教の考え方が、空の思想と際立った対照をなしていることだ。幾度も述べたように、「空」（シューニヤ）という語の基本的意味は、何者か（y）が何者か（x）を欠いていることである。キリスト教の「言葉は神とともにあり、そして言葉が神であった」というような考え方の中には、空の思想が示しているような何者かの非存在といった要素は見られない。

われわれが用いている言葉は、ほとんどの場合日常生活において妥当なものだ。例えば本を見ていて「これは本である」ということは一般的には正しい表現であり、一般常識にかなうことである。ヴァイシェーシカ学派などのインド型の実在論の考え方によれば、そしてこの限りでは西洋の実在論においても同様なのであるが、「本」という言葉を発することができるのは、対象物として本というものが存在するからである。そして、本というものが存在するから「本」という言葉も発することができる、と考えられている。このような考え方が部派仏教（六〇頁参照）の一派である有部《うぶ》にも見られるが、この学派は仏教の諸派の中では実在論に近い考え方を有しているといえよう。

ところが、空の思想は、言葉とその対象が正確に呼応するという考え方に対して根本的な懐疑をいだいた。例えば、「本」という言葉とその対象物としての本とは明確な対応関係にはないであろうと考えた。さらに、空の立場にあってはどのようなものも当然ながら、神もまた存在しない。したがって、「言葉は実在とともにあった、言葉は実在であった」というような表現は、インド大乗仏教、特に空思想の文献には見られない。すなわち空においては、神であり、神とともにあるような言葉、すなわちロゴスは存在しないのである。

一方、空思想では、言葉は空であり、空は言葉である、という表現自体は可能だ。つまり、言葉は実在ではなく、それ自体、実在性を欠いているものであるという意味で、言葉は空であるといわれる。しかし、言葉と空との関係は、仏教史において常に一定というわけではなかった。言葉と空との関係、あるいは言葉の対象と空との関係は、インド大乗仏教の中でもさまざまに考えられてきた。インドの大乗仏教を、言葉と空との関係の歴史であるとさえいうことができるのである。

大乗仏教の思想家たちのうち、ある者によれば言葉は空性をあるレベルにおいては指し示すことができると考え、また別の者は空性は言葉から隔絶したものであるがゆえに言葉によって捉えることができないと考えた。このように空と言葉（あるいは言葉の対象）との関係はさまざまであるが、言葉および言葉の対象をどのように否定してきたかということを窓としてみるならば、空の思想史さらには仏教史のひとつの道筋がはっきりとしてくるであろう。

2　インド仏教史の三期

インド仏教は紀元前五世紀あるいは紀元前四世紀に生まれて、一三世紀末頃にはインド亜大陸から消滅したのであるが、この千数百年の歴史は初期、中期、後期の三期に分けることができよう。

まず、初期とは仏教誕生から紀元一世紀頃まで、中期は紀元一世紀頃から六〇〇年頃までの時期を指す。後期とは紀元六〇〇年頃以降、インド大乗仏教滅亡の時期までである。これは、前章（三五〜三六頁）において述べたインド宗教思想史六期の中の第三期と第四期に当たる。すなわち、仏教誕生から紀元六〇〇年までの期間、つまり仏教が勢力を保っていた期間を第三期と名づけ、六〇〇年から一二〇〇年つまりインドがイスラム教の政治的支配を受けるまでを第四期と名づけたが、インドにおいて仏教がある程度の勢力を有したのは、この第三期及び第四期においてであった。このように名づけた第三期が初期仏教及び中期仏教の時代に当たり、第四期が後期仏教の時代に当たる。

1 インド初期仏教

さて、初期仏教の時期は、仏教誕生から大乗仏教の成立する直前、おそらく紀元一世紀頃までと述べた。初期仏教は、さらに前期および後期の二期に分けることができる。すなわち、アショーカ王が現れるまでの時代、これを原始仏教と名づけ、そしてアショーカ王が出た以降、大乗仏教の成立までを部派仏教と名づけよう。もっとも部派仏教、特にその教理は、大乗仏教の時代においても存続、発展していた。

われわれがここで「原始仏教」と呼んでいる時期の仏教は「初期仏教」と呼ばれることがある一方で、原始仏教および部派仏教をまとめて初期仏教と呼ぶ場合もある。本書では後者の呼び方に従いたいと思う。また、部派仏教を原始仏教の中に含めてしまうのは難しい。それゆえに、わたしは初期仏教の前半を原始仏教、後半すなわちアショーカ王以降を部派仏教と呼び、双方をまとめて初期仏教と呼びたいと思う。

原始仏教とは、釈迦の生きていた時代あるいは釈迦が亡くなった後、釈迦から直接法を聞いた人が生きていた時代、および釈迦の教えがまだかなり直接的に伝わっていた時代の仏教である。仏教の経典には、経（経典）、律（戒律）、論（論書）という三つの部分があり、この三部分をまとめて「三蔵」と呼んでいる。後世では仏教の各学派はそれぞれこの三蔵を所有することになる。原始仏教の時期では後世に見るような整備されたものではないが、経と律に関してはある程度整備がすすんでいたと考えられる。

この原始仏教の年代であるが、これは「仏滅後アショーカ王が現れるまでに一〇〇年余りある」という北方仏教の伝承に従ってアショーカ王を仏滅後一〇〇年頃と考えるか、南方仏教の伝統に従ってアショーカ王の出生を仏滅後二〇〇年あたりと考えるかによって違ってくる。そもそも釈迦の誕生が、紀元前五世紀中葉なのか紀元前四世紀中葉なのかがはっきりしない状態なのだ。もっともアショーカ王の在位はほぼ紀元前二六八〜二三二年というようにかなり明確に推測されている（中村元『インド思想史 第二版』岩波書店、一九六八年、七二頁）。

アショーカ王の時代には、仏教はすでにいくつかの部派に分かれはじめていたのではないかと考えられている。紀元前後に、仏教が一八あるいは二〇の部派に分かれていたことはほぼ確実だ。そして紀元一世紀頃までには、それぞれの部派が所有する経、律、論のうちの論（論書）もおおよそできあがっていたと考えられる。それまでの経典および律でいろいろ問題になった概念を検討するうちに、仏教僧たちは壮大なスコラ的体系を構築することになった。これらの論書には人間の心作用にはどのような種類があるかとか、この世界はどのような要素でできているかとか、どのような修行の階梯《かいてい》を踏むことによって心はどのような状態にいたるのか、といった問題が扱われている。

現在では、『集異門足論《しゅういもんそくろん》』、『法蘊《ほううん》足論』、『施設《せせつ》足論』、『識身《しきしん》足論』、『界身《かいしん》足論』、『品類《ほんるい》足論』、『発智《ほっちろん》論』という七つの論書の漢訳が残っており、これらはそれぞれかなり大部なものだ。パーリ語で残っている南方上座部の三蔵は完全に残っているのであるが、ここには上述の漢訳の七論とほぼ同じ七論が残っている。

原始仏教の第一の特徴は、ヴェーダの権威を認めないということだ。したがって、ヴェーダ祭式を執行することによって積み重ねられる功徳もほとんど認めない。さらに僧侶、武士、商人および奴隷という四つのヴァルナ（カースト）に関してもそれほどの意味を認めなかった。釈迦はヴァルナの権威に対して非常にラディカルな戦いを挑んだわけではないが、ヴァルナに対してはいわばさめた態度で接した。すなわち、仏教教団に入ればこの四つのヴァルナの上下の差別は受けないことから、いわば消極的な形ではあるが、ヴァルナには批判的であったといえよう。さらにまた仏教の誕生前に生まれていたウパニシャッド哲学の中では、宇宙の根本原理としてブラフマンの存在を認めているが、そういった宇宙の根本原理ブラフマンの存在を想定して自己の精神的救済を求めるという方法を、釈迦はとらなかった。

そして次の章でわれわれが考察するように釈迦は、われわれの身体あるいは身体を構成しているどの部分も恒常不変の実体ではないゆえに、そもそも我というものは存在しないのであると説いた。これは、ウパニシャッドが宇宙の根本原理を設定し、個々の人間、生物の中にも宇宙の根本実在を分有しているとした立場とはかなり違っていた。釈迦はブラフマンの存在を否定し、さらには個々の人間の中にも、ウパニシャッドがいうような個我の原理アートマンというものを認めなかったのだ。

ところが、部派仏教の時代となると、世界に関する認識が微妙に変化してきた。この新しい学派は確かに宇宙の根本精神としてのブラフマンは認めない。しかし、部派仏教の時代には世界は有限個の要素によってできていると考えられた。有限個の要素の因果関係によって世界の生成あるいは修行段階が語られるようになったのである。すると、原因aから結果bが生まれたという構造を認めることになるが、このaあるいはbといった要素が結局はひとつの実体とみなされるようになった。すなわち、aという対象を指し示す言葉Aに対して、その対象であるaという個物が対応すると考えられて、言葉と実在の対応関係の中で世界が考えられていくことになる。先ほどの「神」と「言葉」という概念を用いるならば、この部派仏教の考え方は、いわば言葉と実在がともにあったと表現することができよう。

これは世界の根本原理であるブラフマンこそ認めないが、小さな多数のブラフマンあるいは実体を認めることを意味する。「ものa、ものb、ものcなどは実在である」というような考え方に、結局部派仏教の人は導かれていった。すると、これは仏教的な考え方から離反しているのではないかというような批判が仏教のなかで起きてきた。このような批判は大乗仏教の主要な主張のひとつであり、特に言葉および言葉の対象は存在するものではない、あるいは言葉と対象とは対応関係にあるのではないと鋭く指摘したのが、大乗仏教の理論的な祖とされている竜樹（ナーガールジュナ）であった。

2　インド中期仏教

【二つの学派】

インド中期仏教の時代（紀元一世紀〜六〇〇年頃）は大乗仏教が興隆した時代である。紀元前後から初期大乗経典が編纂されていたが、その代表的なものは原始般若経典群である。『八千頌般若経《はっせんじゅはんにゃきょう》』の古い形はおそらく一〜二世紀には成立していたと考えられる。『阿弥陀経』や『華厳経』の中核部分ともいうべき「入法界品《にゅうほっかいほん》」なども二、三世紀までには成立していたであろう。そして、五〜六世紀以降には中期大乗経典とも呼ぶべき『楞伽経《りょうがきょう》』、『涅槃経《ねはんぎょう》』が編纂されたと推定される。空の思想は時代とともに変質するのであるが、初期大乗経典と中期大乗経典の内容の相違も空の思想の変質と関係している。

右に述べたような大乗経典が編纂されていったのと並行して、大乗仏教の理論も精緻なものへと育てあげられていった。インド中期仏教の学派としては中観《ちゅうがん》派と唯識《ゆいしき》派がある。もっとも「中観派」という名称は中国で生まれたものであり、インドでは

「中派」Mādhyamika といい、「観」の意味はこの名称に含まれていない。チベットでもサンスクリット名を訳して「ウマパ」aBu ma pa つまり「中派」と呼ばれる。この学派が、インド大乗仏教諸派においてもっとも明確に空思想を提唱する学派であるゆえに、この学派の者たちを空性論者ともいう。

唯識派は「瑜伽行派《ゆがぎょう》」Yoga‐ācāra、つまりヨーガの行（アーチャーラ）を行う者たちとも呼ばれる。この場合のヨーガは唯識観つまり「世界はただ識（認識）のみである」と感得するためのヨーガを意味する。

【中観派】

このように、インド中期仏教においては中観派と唯識派の二学派があったが、そのうち、中観派は先に述べた竜樹 Nāgārjuna《ナーガールジュナ》（紀元一五〇頃～二五〇頃）を祖としている。彼は初期の「般若経」、例えば『八千頌般若経』の古い形を読んだと考えられるが、般若経典群が提唱した空の思想を「般若経」とは別の方法で説いた。その方法は彼の主著である『中論《ちゅうろん》』（『根本中頌』）に述べられており、彼の方法については後ほど考察することにしたい。この『中論』が後の大乗仏教の理論的モデルを与えたといわれる。『中論』のほかに、『論争の超越』（『廻諍論《えじょうろん》』）、『空七十論』などの数点が竜樹の真作と考えられている。

竜樹の直弟子あるいは後継者として聖提婆《せいだいば》Āryadeva《アーリヤデーヴァ》がいる。彼の著作としては『百論《ひゃくろん》』、『四百論《しひゃくろん》』が残されているが、これらの著作の中で用いられる論法は『中論』のそれとよく似ている。

後世のチベットの伝承によれば聖提婆以後、ラーフラバドラ Rāhulabhadra、パーオ 'dPa'bo（サンスクリット名不明）、ナーガボーディ Nāgabodhi（竜智）がいる。また『中論』注のうち、最古の注『無畏論《むいろん》』の作者も中観派に属する思想家の一人と見なしてよいであろうし、西域の人間である鳩摩羅什《くまらじゅう》（あるいは単に羅什）が四〇九年頃訳した『中論』は、インド人ピンガラ（青目《しょうもく》、四世紀頃）が著した『中論』注を訳したものであった。羅什が訳したピンガラ注は中国、日本における『中論』の基本的テキストとなったが、チベットの伝承はピンガラらしき人物に触れておらず、またピンガラとおぼしき者が著した『中論』注のチベット訳も残っていない。

ラーフラバドラ、パーオ、ナーガボーディ、『無畏論』の作者およびピンガラが年代的にどのような関係にあるかは今日のところよく分かっていない。しかし、竜樹自身は西暦一五〇年頃から二五〇年頃の人と推定されており、羅什訳は五世紀初頭であるゆえに、竜樹の没後、二～三世紀にこれらの中観思想家が存在したのである。聖提婆からピンガラまでの時期を初期中観派と呼ぶことができよう。

五世紀頃に仏護《ぶつご》 Buddhapālita《ブッダパーリタ》が『中論』に対して注を著した。彼の注の方法はピンガラの注と似てはいるが、一種の論証方法を導入したという点でピンガラ注とは異なっている。その論証方法とは帰謬《きびゅう》論証と呼ばれるものであり、結論pを証明するために非pを前提とすると、誤った結果に導かれてしまうゆえにpが正しいと論証する方法である。仏護は『中論』に述べられたテーゼをこの帰謬論証によって説明しようとした。仏護自身は言葉つまり帰謬論証を行うための言葉が空性そのものであるとも考えなかったし、言葉が空性を完全に説明できるとも考えなかった。彼にとって言葉は空性を「〜ではない」と否定的に指し示すにすぎないものであった。それでもなお、ピンガラの態度と比較するならば、仏護は空を言葉によって説明することにピンガラよりも一層こだわったといえる。

六世紀に入ると言葉によって整合的に空性を説明しようとする傾向が強まる。というのは、六世紀前半に仏教徒ディグナーガ Dignāga（陳那《じんな》）によって形式論理学の体系が確立され、中観派の者たちもその論理学の体系を用いて空性を説明しようとしたからだ。ディグナーガは、後に述べるように唯識派に属した思想家であった。

中観派の中で、当時の「最新の理論」であった論理学の体系をもちいて『中論』に注をつけた人物に清弁《しょうべん》（?〜五七〇頃）がいる。この人のサンスクリット名はBhāviveka《バーヴィヴェーカ》、Bhāvaviveka《ヴァーヴァヴィヴェーカ》、あるいはBhavya《バヴャ》といわれる。彼は『中論』に対して『般若灯論』*Prajñāpradīpa*《プラジュニャープラディーパ》（智慧の灯し火）という注釈書を著し、「行く人は行かない」といった、一般常識では決して受け入れられないような、したがって形式論理学の体系では決して認められないような命題をあえて論証式を立てて証明しようとした。彼は整合的な言葉が空性を確実に捉えることができると考えたのである。清弁は帰謬論証によってではなく、自立的つまりそれ自体整合的な論証式によって空性を説明したので、彼および彼の後継者たちは後にチベット人たちによって「自立論証派」と呼ばれた。一方、仏護および彼の後継者たちは、「帰謬論証派」と呼ばれる。この二つの呼び方はインド大乗仏教文献の中には見出されない。おそらくチベット仏教において命名されたものであろうが、今日われわれのインド大乗仏教の理解においてもインド中観派をこの二派に分ける方法を採っている。

論理学の体系を知らなかった仏護を、最新の知的体系で武装した清弁は批判した。しかし、清弁の方法には致命的な欠陥があった。同じ論証式において清弁は一つの名辞を異なった意味に用いたのである。これはそもそも一般常識では受け入れられないような『中論』の命題を、形式論理によって証明しようとした当然の帰結であった。

このような清弁の欠陥を指摘したのが月称《げっしょう》Candrakīrti《チャンドラキールティ》である。彼の『中論』注である『明らかな言葉』Prasannapadā《プラサンナパダー》はサンスクリット・テキストが残されている。他のインド人の手になる『中論』注はサンスクリット・テキストが残されておらず、チベット訳や漢訳が残されているのみである。月称の思想は、後世、チベットにおいてゲルク派の祖であるツォンカパ（一三五七～一四一九）により重視され、その後チベット仏教の主流となったゲルク派の思想基盤となった。

　月称は論理主義者清弁を批判しつつ、仏護の立場を弁護した。月称は、仏護と同様、空性は言葉を超えていると考えた。しかし、彼は言葉あるいは言葉の対象としての世界を軽視したわけではなかった。月称は清弁よりもはるかに熱心に現象世界の構造に関わり、また現象世界の重要性を認めていたのである。そして、現象世界に関するかぎりでは言葉とその論理的整合性も重視した。

【唯識派】

　中観派と並ぶもうひとつの学派である唯識派は、竜樹よりわずかにおくれて活動を始めた。この学派の開祖はマイトレーヤ（紀元二七〇頃～三五〇頃）であり、彼の著作として『大乗荘厳経論《だいじょうしょうごんきょうろん》』、『中辺分別《ちゅうへんふんべつ》論』、『法法性分別《ほうほっしょうふんべつ》論』などが残されている。

後世、この思想家は名称が同一であったためであろうが、弥勒《みろく》（マイトレーヤ）菩薩と同一視された。

マイトレーヤの思想を受けて唯識説を確立させた者は、『唯識三十頌《さんじゅうじゅ》』の著者世親《せしん》Vasubandhu《ヴァスバンドゥ》である。この書はわずか三〇の偈《げ》より成るが、唯識の教理体系を見事にまとめている。この書に対する安慧《あんね》Sthiramati《スティラマティ》（?～五七〇頃）の注は、サンスクリットおよびチベット訳で残されている。護法Dharmapāla《ダルマパーラ》（六～七世紀）も『三十頌』に対する注を著したが、インドに渡った玄奘三蔵《げんじょうさんぞう》（五九九／六〇二～六六四）は帰国後、護法の注を中心にして『成唯識論《じょうゆいしきろん》』をまとめた。この書が中国および日本における唯識研究の基本テキストとなったのである。

『三十頌』の中で世親は、世界を八つの認識（アーラヤ識（阿頼耶識《あらやしき》）、マナ識、眼・耳・鼻・舌・身・意の六識）の複合体として説明する。「アーラヤ」とは、基体とか蔵《くら》を意味する。例えば、ヒマーラヤは「ヒマ（雪）のアーラヤ（基体、存する場）」を意味するのである。しかし、世親の唯識の体系では「アーラヤ」と呼ばれる認識が、あたかも実在論者のいう実体のように、基体として機能するわけではなく、すべての現象がそこから引き出されてくるような貯蔵庫でもない。アーラヤ識と眼識などの他の認識とは、明確に区別された基体とその上に存する属性というような関係にはない。つまり、唯識派はインド型の唯名論の伝統に属しているのである。

バラモン正統派の中の一学派であるサーンキャ学派によれば、世界は原物質（プラクリティ）の展開したものであり、原物質とは異なった原理である霊我《れいが》（プルシャ）が存在し、この霊我は原物質の活動を見守るのである。眼識や鼻識といった認識はサーンキャ学派の理論では原物質の中に含められる。

霊我とアーラヤ識とは、両者の教理体系において似た位置を占めてはいるが、重要な相違もある。すなわち、霊我と原物質とは実体と属性との関係にはないが、両者はまったく別個のものと考えられている。サーンキャ学派は例のインド型実在論と唯名論との論争に関しては中間的な立場を採るのであるが、このような霊我と原物質との関係はサーンキャ学派の中間的立場をよく表しているといえよう。一方、世親を中心とする唯識派におけるアーラヤ識と他の認識はまったく別個の存在というわけではない。アーラヤ識と他の認識の関係は、サーンキャ学派における霊我と原物質のそれよりも近いのである。というよりも、サーンキャ学派における霊我が原物質の中に不一《ふいつ》不二《ふに》のものとして吸いこまれたとしたならば、それは唯識学派におけるアーラヤ識と他の諸識に近い体系となろう。

さらにサーンキャ学派においては原物質が展開（転変、パリナーマ）してこの現象世界となると考えられているが、唯識派においてももろもろの認識作用が働いた結果、この現象世界が認識として成立することを同じ術語である転変（パリナーマ）と呼んでいる。仏教においては唯識学派以前に「転変」という術語は用いられていない。一方、サーンキャ学派の転変に関する理論は明らかに唯識学派の誕生に先行している。このことは、唯識派の転変に関する理論はサーンキャ学派の理論に影響をうけたのではないかと思わせる。

唯識学派と中観派との理論上の主要な違いは、唯識説にあっては認識のエネルギーが、最終的には智の光というかたちにおいてではあるが、ともかくも残るという前提に立つ一方で、中観派は空において何も残らないと考えることだ。もっとも、空（空性）は中観派においても一種の智慧あるいは境地と考えられ、空が完全なる無と考えられているわけではない。また唯識学派においても空あるいは空性は重要な概念である。このように唯識学派と中観派とは共通の要素を有するのであるが、ともあれ唯識学派は心的エネルギーの存在を認め、その働きである認識を構成要素として世界の構造を説明しようとする。それに較べて中観派は心的エネルギーの存在や世界の構造などを第一義的にはともかくも否定しようとするのである。

インド中期仏教を代表する初期・中期中観派や唯識学派の理論にあっては、言葉の対象は実在しないものであった。唯識学派にあっては世界は認識の内容にすぎないのであり、中観派にあってはすべてが空なるものであった。つまり、インド中期仏教の前半つまり五世紀頃までは「言葉とその対象とは止滅《しめつ》しているあるいは実在しない」という側面が強調された。

【論理学派】

インド中期仏教の後半つまり五〜七世紀になると新しい思想運動が生まれてくる。それは仏教論理学派の活躍の始まりである。ところで七世紀といえば、すでに述べたようにインド仏教史の後期（六〇〇〜一二〇〇年）に年代的には属するのであるが、仏教論理学の体系はすでに六世紀のディグナーガによって確立されており、七世紀と推定されるダルマキールティ（法称）の論理学・認識論の体系は、ディグナーガの体系に依っているところが多いので、このインド中期仏教の節において説明することにしたい。

ディグナーガ、ダルマキールティといった論理学者たちは唯識学派に属すると考えられた。世親の『三十頌』に代表されるような唯識理論は後期仏教においては勢力を失い、世親たちの古い形の唯識とは異なった新しい理論が唯識学派に生まれ、そして時代が下るにつれて、直接知覚や推論の体系を扱う論理学派が有力となっていったのである。

インド宗教・哲学の歴史の中で、形式論理学の体系が確立されたのはまず大乗仏教においてであった。言葉と対象とが一対一の対応関係にないことに注目していたのは、ヒンドゥー哲学よりも仏教哲学者たちであったため、彼らは言葉あるいは概念の示す領域の整合性のみを追求するにふさわしい位置にあった。

この論理学の運動の先駆者がすでに述べた六世紀前半のディグナーガであり、仏教論理学の大成者は七世紀のダルマキールティである。仏教論理学は形式論理の体系と、認識論つまり直接知覚に関する理論という二部門よりなっている。仏教論理学派によれば、直接知覚は概念作用を含まないものである。例えば、「これはリンゴだ」という認識がたとえそれが目前に「リンゴ」と呼ばれる物体を見た直後に得られたものであったとしても、それがすでに「リンゴ」という名称をある物体に結びつけるという概念作用を含むゆえに、仏教論理学派の者たちは直接知覚と呼ばない。ダルマキールティは、概念作用を含まない直接知覚のみが真に存在するものを対象としており、それ以外の認識である概念や推論の対象は真に存在するものではなく言葉によって仮に想定されたものにすぎない、と主張した。

彼によれば真に存在するものとは「リンゴ」というような名称あるいは言葉によって指し示される以前の個物そのもの（自相《じそう》）であり、「リンゴ」という概念の対象（共相《ぐうそう》）は実在しないものであった。仏教論理学派は、諸概念が指し示す領域の関係を研究しようとする。例えば、「リンゴ」という概念の領域は「果実」という概念のそれに包摂されるが、「赤いもの」という概念の領域の中に完全に含まれることはないというように。このようにして仏教論理学派は、言葉のレベルにおいては一般における妥当性有効性を重視して推論形式のシステムをつくりあげた。しかし、一方では、われわれが見たように、真に存在するものは言葉と結びついたものではないという態度を保持した。これは仏教論理学派の者たちが仏教思想家であったことの証《あか》しでもあった。というのは、これまで見てきたように、仏教は最終的には言葉の止滅した境地に至ることを目指しているからだ。少なくとも、言葉を越えた智を「聖なるもの」と見なす伝統を尊重するのである。このような言葉を越えたところに真実を見ようとする態度は、「縁起という真理にあっては日常の言語活動が止滅している」と考えた竜樹の態度と基本的には同一である。竜樹が命題の分析より行ったことを、仏教論理学は知覚成立の場面において行ったのである。

【如来蔵思想】

論理学派とは別に、四世紀頃から唯識学派と深い関係を保ちながら発展した仏教思想の流れがある。如来蔵思想である。「如来」とは仏のことであり、「蔵」とはここでは胎あるいは可能性を意味する。「如来蔵思想」とは、仏となる可能性（胎）をすべての人が持つという思想を指すのである。

「如来」（tathāgata）とは「ありのままに（タター）来られた方（アーガタ）」すなわち仏を意味するのであるが、おそらくはこのサンスクリットの単語は元来は「ありのままに（タター）悟られた方（ガタ）」であったのを、漢語に訳す際に「如来」と解釈されたものであろう。「蔵」（garbha）とは、元来は子宮あるいは胎児（胎）を両者の明確な区別なしに指す言葉である。したがって、子宮という意味に焦点があたれば、ものを貯蔵する倉庫の側面の意味が強くなるであろうし、胎児という意味に焦点があたる場合には、倉庫の意味よりもその中にたくわえられているものを指すことになろう。如来蔵思想にあっては後者の意味が主要なのであるが、歴史的に見て前者の意味に解釈されたこともあった。

ようするに如来蔵思想は、迷いの世界にいる人間（凡夫）それぞれが、覚者すなわち仏の胎児を有しているという考え方である。このような考え方の芽は、初期唯識学派の文献である『究竟一乗宝性論《くきょういちじょうほうしょうろん》』などにすでに見られる。六世紀頃の『楞伽経《りょうがきょう》』では、如来蔵は第八番目の認識（識）であるアーラヤ識と同一視されている。『楞伽経』以後も如来蔵の考え方はさまざまな変化を見せたが、如来蔵思想の歴史を通じて言いうることは、この思想の流れが恒常不変な仏あるいはその可能性を求めたことであった。恒常不変の存在を求めることは仏教の伝統に反することであった。この伝統は、インド後期仏教においてもそれなりの勢力を持ち続けたのではあるが、インド仏教の正統と見なされることはなかった。

3　インド後期仏教

【後期中観派】

六〇〇年頃を境としてインドの宗教思想も大きく変化したことはすでに述べた。第三期「仏教の時代」から第四期「ヒンドゥー教の時代」へと入っていくのである。それまで西アジア世界との交易によって財を蓄積することのできた商人階級などによって仏教は支えられた。しかし、五世紀後半の西ローマ帝国の崩壊の後は、仏教は経済的基盤を失い、思想、哲学の方面でも、それ以前の中期仏教におけるほどには傑出した思想家を生み出すことはできなかったようだ。

インド後期仏教における中観派にとって重要な学派は瑜伽《ゆが》中観総合学派である。この場合の「瑜伽」とはヨーガ行を意味し、瑜伽行派《ゆがぎょう》とは唯識学派のことである。ようするに、唯識学派と中観学派の総合学派であり、この学派の代表的人物はシャーンタラクシタ（あるいはシャーンティラクシタ、寂護《じゃくご》）およびその弟子カマラシーラ（蓮《れん》華戒《げかい》七四〇頃〜七九七頃）である。後で見るように、この二人はインド大乗仏教がチベットに伝えられるに際して、もっとも功績のあった者たちであった。

シャーンタラクシタは論理的理解や修行階梯《かいてい》を順に踏むことを重視し、また当時急速に増大しつつあった儀礼的呪術的傾向に対しては冷淡であった。彼の思想はダルマキールティの認識論、論理学からの影響を強く受けており、基本的には空思想を論証式によって説明しようとした清弁の方法に近い方法を採っている。後世のチベット仏教では、シャーンタラクシタおよび弟子のカマラシーラは清弁と同じ自立論証派に属する者たちと考えられている。

一方、ダルマキールティによって確立された仏教論理学派は、ジュニャーナシュリーミトラ（一〇五〇頃）、その弟子のラトナキールティといった思想家が輩出するのであるが、ニヤーヤ学派とヴァイシェーシカ学派とを総合したウダヤナ（一一世紀頃）によって仏教哲学が批判された後は、ウダヤナを越えるような仏教哲学者はインドには現れなかった。

『中論』に注を書き、仏護の方法を受け継ぎながら帰謬論証の方法を確立させた月称は七世紀の人物と推定されている。七世紀といえば、先述したインド宗教思想史を六期に分けるやり方では、第四期「ヒンドゥー教の時代」に入り、インド後期仏教の時代に属すのではあるが、月称の思想は仏護や清弁の思想とともにインド中期仏教に属すと考えてよいであろう。それは七世紀のダルマキールティの論理学がディグナーガのそれとともにインド中期仏教に属すと考えるべきであるのに似ている。もっとも第三期と第四期との境を六〇〇年頃といったのは目安を述べたにすぎないのであって、幾千年にわたるインド宗教思想史においては、一、二世紀のずれはしばしば見られるのである。

月称の後、帰謬論証派には幾多の思想家が続いたが、傑出した思想家はほとんど現れなかったといって過言ではない。これはインド後期仏教の時代つまり七世紀以降にあっては、いわゆる形式論理学の体系を踏まえた世界観でなければ当時の社会においては受け入れられなかったことを語るのではなかろうか。

竜樹の『中論』における主張を論証式のかたちで証明できるか否かは別にしても、眼前に展開される現象世界の構造を論理的な言葉によって語るということは、論理学の体系を知った人々がもっとも求めたことであったと思われる。ともあれインド後期仏教の中観派の歴史においては、帰謬論証派よりもいわゆる自立論証派の優勢が顕著である。

しかし、帰謬論証派の系譜が絶えたわけではなかった。七〇〇年頃の人物と推定されるシャーンティデーヴァは『入菩提行論《にゅうぼだいぎょうろん》』を書き、空思想に基づいた修行階梯を述べている。この書にはプラジュニャーカラマティが注を著しているが、彼は「唯識派との融和を考えるよりも、これを否定することに専心する」（梶山雄一・上山春平『空の論理』角川書店、一九七七年、一九六頁）。つまり、プラジュニャーカラマティは、空性が世界あるいは言葉からの超越という側面を強調したかったのであろうが、そのような態度は仏護や月称の態度にも通じるものであった。

また、インド仏教後期の帰謬論証派にとって忘れてはならないことは、空思想が当時台頭しつつあったタントリズム（密教）の基礎理論となったことである。次にインド後期仏教における仏教タントリズムについて触れておきたい。

【仏教タントリズム】

本書では「タントリズム」と「密教」とを同義に用いることにしたいが、タントリズムとは、紀元五〜六世紀頃からインドで急速に台頭した宗教運動を指す。これは仏教のみならず、ヒンドゥー教やジャイナ教をもまきこんだ汎インド的宗教運動であった。タントリズムは、個人的宗教行為を中心とした宗教形態が、集団的宗教行為の形態をとりこんだものだということができよう。例えば、元来、仏教はホーマ（火への奉献、護摩）とかプージャー（供物を捧げること、供養）といった儀礼に対しては冷淡であったが、七世紀以降になるとそれらの集団的宗教行為の象徴意味を変えて自らのシステムの中にとりこみ、新しい形態を作っていった。このような新しい形態を仏教タントリズム（仏教密教）と呼ぶことにしよう。

四〜五世紀にはすでに初期の仏教タントリズムの経典が成立したが、七世紀には胎蔵（胎生）マンダラを説明する『大日経《だいにちきょう》』が編纂されたと推定されている。仏教タントリズムが確立するのはこの『大日経』の成立によるということができる。七世紀末頃には『真実摂経《しんじつしょうきょう》』が成立するが、この経典はもっとも代表的なマンダラである金剛界マンダラを述べている。この胎蔵マンダラと金剛界マンダラは唐朝の中国に伝えられ、九世紀の初めには空海によって日本へともたらされた。

インドでは、『真実摂経』の編纂の後も、『秘密集会《ひみつしゅうえ》』、『勝楽《しょうらく》』、『呼金剛《こんごう》』などと呼ばれるタントリズムの経典、すなわちタントラ経典が成立した。そして、一三世紀初頭に、ヴィクラマシーラ大僧院がイスラム教徒によって焼き払われたことを象徴的かつ実質的な事件としてインド仏教は急速に衰え、一三世紀末頃にはインド大乗仏教はインド亜大陸よりほとんど消滅していたと推定される。

さて本書は、仏教タントリズム（仏教密教）は大乗仏教の一部であるという立場に立っている。ある研究者たちはインド仏教の時代を、原始仏教、部派仏教、大乗仏教、密教（あるいは金剛乗《こんごうじょう》）というように分ける。このような区分法では、人々は大乗仏教の時代の後に密教あるいは金剛乗（ヴァジュラ・ヤーナ）の時代が存在したような印象を受ける。しかし、密教すなわち仏教密教（仏教タントリズム）は大乗仏教の一部にすぎなかったと思われる。大乗仏教がインド亜大陸より消滅する直前まで、密教に反対したり無関心であった仏教徒たちも多いのである。またヒンドゥー実在論を代表し仏教批判者で有名なウダヤナは、仏教密教の理論を批判の対象とはしていない。

仏教の内部において、仏教がタントリズムと非タントリズムに分けられるという意識が生まれるのは、おそらく一一世紀のアティーシャあるいは一一世紀頃のアドヴァヤヴァジュラ（マイトリーパ）の時代であったろう。アティーシャはチベットに招かれ、その地で中期仏教の復興に功績のあったインド僧である。アドヴァヤヴァジュラは、ネパール人であろうといわれており、ネパール仏教密教すなわちカトマンドゥ盆地におけるネワール人の仏教密教の儀礼の仕方などを定める一方で、空思想に基づきながら密教的教理を構築しようとした人物である。

密教は儀礼を重んずる一方で、修行者自らの身体によって真理を直接的に経験しようとするものであった。したがって、テーローパなどのように野にあって身体によって直証することを第一とし、精緻な理論体系や複雑な儀礼を軽視あるいは排斥しようとする者も多かった。しかし、一方ではラトナキールティのように有名な理論学者でありながら、密教の修行に関心のある者もいた。いずれにせよ密教全体の傾向としては、真理は言葉によって直接指し示すことはできないとしても、象徴的に表すことは可能だと考えられた。したがって、テーローパなどの修行者たちも、象徴的な言葉によって真理を語ろうとしたのである。密教は究極的な真理は直接的に体験できるものであり、その体験は言葉あるいは象徴（シンボル）によって表現され得るという前提に立っている。密教においておびただしい種類の象徴が用いられるのはそのためなのである。密教の理論は象徴の言語によって語られるということができよう。

象徴の言語によって密教は世界を語り、修行階梯を語り、目指すべき境地である空性をも指し示そうとする。言葉によって論理的に叙述する場合に較べ、象徴はある面ではあいまいなようではあるが、ある面では言葉よりも雄弁である。この雄弁さを密教は有効に利用しようとするのである。

3　空思想の根本

以上、われわれは言葉と空との関係を軸にしてインド仏教史を概観した。インド仏教は初期、中期、後期の三期に分けられるが、その初期は原始仏教と部派仏教に、またインド中期仏教は初期大乗仏教および中期大乗仏教に分けられるのを見た。またインド後期仏教すなわちインド後期大乗仏教の時代にはタントリズム（密教）の要素を多く含んだ仏教も勢力を増大させていた。

仏教は絶対的な神あるいは宇宙の根本原理といったものの存在を認めない。われわれが日常用いる言葉も、それがいかに精緻で整合的なものであろうとも、不断の否定作業に裏打ちされた空性を如実に表現できない、というのが空思想の根本である。しかし、その空性を求める修行者たちが住む世界は言葉あるいは論理の世界であるというように、大乗仏教徒たちもその長い歴史の中で認めざるを得なかった。つまり、時代が下るにつれて大乗仏教徒たちは、「すべてのものが空である」とのみ主張することは許されないことを知ったのである。ここで大乗仏教徒たちは大きな問題につきあたった。つまり、「すべてのものが空である」というのみでは、自分たちの住む場である世界の問題が何ら解決しないことを悟ったのだ。したがって、言葉とその対象である世界の構造を説明し、その上でそれらが「空である」ことを証明せねばならなかったのである。

さて、では次の第4章から第9章では、「原始仏教と空」「初期大乗と空」、さらには、「空と否定」「空と自性」「空と論理」、そして「後期インド仏教と空」という六つの観点から、「インド仏教と空」をくわしく見ていくことにしよう。

第4章　インド仏教における空(一)——原始仏教

1　『小空経』と空

空思想は、すでに第1章において述べたように、基本的には個人的な宗教行為、すなわち自己の精神的な救い、あるいは救済を獲得するための行為の基礎理論として機能してきた。後世はチベットの密教などにおけるように集団的宗教行為の基礎理論となることもあるが、インド仏教の初期、中期において空思想は、集団的宗教行為の基礎理論の側面はほとんど持たなかったといってよいであろう。原始仏教においても、空の思想は自己否定を通じて新しい自己のよみがえりを得る行為の基礎理論であった。

原始仏教経典においては、「空」という言葉はそれほど多くは用いられていない。しかし、原始仏教経典に「空」が重要な概念として用いられている経典がないわけではない。例えば、『小空経《しょうくうきょう》』（あるいは『小空性経《しょうくうしょうきょう》』）という経典があるが、この経典の中の「空」（空性）という語は、「空」という語の元来の意味を的確に表現している。

『小空経』は、パーリ経典つまりパーリ語で述べられた経典では『マッジマニカーヤ』（『中阿含経』）三の一二一番である。この経典も仏教経典の一般的スタイルに従って「このようにわたしは聞いた」という常套句《じょうとうく》から始まる。

このようにわたしは聞いた。あるとき世尊は……ミガーラマーター殿堂に住んでいた。……さて、アーナンダが立ち上がって……世尊に聞いた。「世尊は、昔、〈空性の住まいによって何度も住んでいる〉といわれたが、それをわたしは正しく理解しているでしょうか」

この仏弟子アーナンダの質問にある「空性の住まいによって住んでいる」とは、「夢を夢見た」というのと同じような表現方法であって、空性に住んだという意味であろう。アーナンダは「世尊が昔いわれたことをわたしは正しく理解しているか」と聞く。これに対して釈迦は、

「そうだ。あなたは正しく理解している。……わたしは今も空性の住まいによっていくども住んでいる」

と答えながら、「空性の住まいによって住む」とはどのようなことかを説明する。

例えばアーナンダよ、このミガーラマーター殿堂は、象とか牛とか馬に関して空であり（すなわち、象などはいない）、金銀に関しても空であり、女性、男性の集合に関しても空である。

と釈迦は説明を始める。サンスクリットの場合と同様、パーリ語でも「yは、x・スーニアである」とは、yがxを欠くことを意味する。このミガーラマーター殿堂には象や牛や馬はいない、金銀もない、比丘《びく》以外の一般の男性や女性が集まっているのでもないという。

しかし、釈迦は次のように付け加える。

ただ空ならざるものがある。すなわち比丘僧団という形のひとつの状態が存在する。

この殿堂には牛や馬はいないけれども、ここに比丘の僧団は存在するという。ここでは比丘の僧団は空ならざるもの、すなわち存在するものであるといっている。このような「あれやこれは存在しないが、これのみは存在する」というパターンに沿いながら、釈迦は空性に住むことの説明を続けるのである。

ちょうどこのように、アーナンダよ、比丘は村に関する想いを思惟せず、人に関する想いを思惟せず、……森に関する想いによって彼の心は……清まり、確立する。……村に関する想いによって生ずるもろもろの不安がここにはない。人に関する想いによって生ずるもろもろの不安がここにはない。……ただ、森に関する想いという形のひとつの状態が不安となる。

村を考えない、人のことも考えない、人のことを考えたときのわずらいはもはやない。自分は今、森を考えているゆえに心は落ち着いた。今、自分の想いは村の想いについては空である。つまり村に関する想いを欠いている。しかしながら、森に関する想いによって清められたはずの心は、今度は森に関する想いによってわずらわされることになる、というのである。

さらに経は続ける。

以上のように、そこに生じないものについては「それは空である」と見る。しかし、そこに残っているものについては「これは存在する」と知る。アーナンダよ。このようにして……如実、不顚倒、清浄なる空性が現れる。

ここで「空」という語のもうひとつの基本的な用法を見ることができる。「ミガーラマーター殿堂は牛を欠いている」という場合、「空である」とは「yにおいてxが存在しない」ことを意味していた。つまり、yがxに関しては空であった。しかし、ここでは「空」は「xが存在しない」(xは空である)という意味に用いられている。このような空の二つの意味は、原始仏教のみではなく後世の大乗仏教においても存続していく。

ここに引用した経典の箇所でもうひとつ注目したいのは、「空性」(スンニャター)

というパーリ語が用いられており、この「空性」という語が、単に実体の欠如を意味するというよりも、宗教実践における肯定的、積極的な側面を指していることである。だが、ここでの空性が修行者たちの求める最終的な境地ではない。「如実、不顚倒、清浄なる空性が現れる」という表現は『小空経』においては、以下、修行の一つ一つのプロセスの説明が終わるごとに述べられている。このことは「空性」という語が、『小空経』では、修行が終わったときに現れてくる最終的な悟りの境地ではなく、修行のプロセスにあるそれぞれの境地を指していたことを意味している。このように最終的な結果としての境地のみではなく、修行の段階を「空性」という言葉によって表すことは仏教全般において見られる用法なのである。

森を考える第一のサイクルが終わると、『小空経』の述べる修行の段階は第二のサイクルに入っていく。すなわち、その次のサイクルでは、人も森も考えずに、大地を考える。しかし、第一サイクルにおいて森を考えて不安、わずらいが出てきたように、この第二サイクルにおいても大地に関して不安、わずらいが生まれてくるのである。

第二サイクルにおいて大地を考えることによって、比丘はいったん、心の平安を得るのであるが、これも不安を生むだけの結果に終わってしまう。この第二のサイクルが説明された直後にも、第一のサイクルと同様、「如実、不顛倒、清浄なる空性が現れる」という表現が見られる。

次の第三サイクルにおいて、比丘は空の無辺処《むへんしょ》という境地に進む。空《くう》無辺処の空とは、空性という意味ではなくてスペースのことをいう。虚空の無辺性にのみかかわる境地を空無辺処と呼ぶのである。修行者の心はこれまで森とか大地とか形あるものに関わってきたが、ここでは虚空という形の無いものに集中することになる。この境地に至ることによって心は落ち着くかに見えるが、これまでのサイクルと同様に、空無辺処に起因する心のわずらいが生まれてくる。

それゆえ、次の第四のサイクルである識《しき》無辺処すなわち「心が認識の無限であることのみに関わる境地」に思いをめぐらす段階に進もうとする。しかしながら、この試みも結局は当の識無辺処に起因するわずらいを生むだけに終わってしまうのである。

このように修行者つまり比丘は次々と段階を追って進むのである。その進みは否定作業に裏打ちされたものだ。次々にその修行の段階が深化していくが、これはまさに自己否定によって自己が生まれ変わっていく過程である。

さらに『小空経』は、「心がものの非存在のみに関わる段階」である無所有処《むしょゆうしょ》に進むが、そこでも究極的な安心が得られないという第五サイクルを述べる。その後、第六サイクルとして非想非非想処《ひそうひひそうじょ》に進む段階を述べる。

　非想非非想処とは、想でもなく（非想）、非想でもない（非非想）心の状態（処）を意味する。ここでの論議領域のすべては想であり、宇宙ではない。もしも宇宙がここでの論議領域のすべてであれば、例えば犬や花も想ではないもの（非想）の一部となろう。しかし、ここでは想以外のものは論議の対象になっていない。またここでいう「想」とは実在の想をいい、「非想」とは非実在の想を意味している。したがって、「非想非非想」とは、実在の想でもなく（非想）、非実在の想でもない（非非想）、すなわち、どのような意味においても存在しない想を指しているのである。

「非非想」すなわち「想ではないものではないもの」とは、結局は想のことではないかと考える人もいるかもしれない。一般に「人間でないものでないもの」といえば、人間である。しかし、この場合はそのような二重否定ではない。想がもしも存在するのならば、それは実在の想であるか、非実在の想であるかのいずれかであるが、そのいずれでもないという意味で想でもなく（非想）、非想でもない（非非想）と考えられている。第六サイクルとして非想にして非非想なる段階に進んで落ち着くはずの心はそこでも結局落ち着かないのである。

　次の段階つまり第七サイクルは無相なる心の三昧《さんまい》である。この三昧は心になんらの特質がない境地をいう。この段階は『小空経』に述べられたもろもろの段階、あるいはサイクルの中で最後のものであるが、この段階に至ってもなお、これまでのサイクルと同様に、無相なる心の三昧に基づくただ一つの空でないものがあることになる。

しかし、『小空経』の現在残っているパーリ・テキストには終わり近くに問題があるようだ。「現行のパーリ本によると、最終の禅定《ぜんじょう》として『無相心三昧』を説く段階で、なおわずらいとなり、空ではなく残るものとして身体的存在をあげているが、正しくない」と仏教学者藤田宏達氏によって指摘されている（藤田宏達「原始仏教における空」『仏教思想7、空（下）』平楽寺書店、一九八二年、四五四頁）。さらに、藤田氏は「無相なる心三昧に基くただ一つの空でないものがあると修正して読むべきだ」といわれる（前掲書、四五六頁）。

数多くの段階を踏んで進んできた後、最後に身体というものがまだ残っていると現在残っているパーリ・テキストがいう内容は、上座部《じょうざぶ》仏教の人たちの正直な感想であったろう。長く厳しい修行を行ってきても、結局、身体的存在は残っている。本来、身体的存在は最初に否定されるべきものであろうが、最後に残っているではないかと、彼らは感じたのであろう。今日まで数百年の間パーリの文献に残っていることと自体が、空性を追い求めながら常に起点にいる自分を見つけることになったという生々しい歴史を垣間見せてくれるように思う。

では、空性に至るとはどのようなことか。少なくとも『小空経』に関する限り、空ならざるものをまったく含まない「純粋な空性」は述べられていない。『小空経』の空性は、それまでのプロセスと隔絶した目的地としては捉えられていなくて、あくまで不断の否定作業として捉えられているのである。心の対象はそれが対象である限り存立するものであり、したがって空ならざるものだ。それゆえ、どのようなプロセスであれ、そこで心が対象を得るならばすでに「空ならざるもの」なのである。

一方、『小空経』では、すでに述べたように、それぞれのサイクルの説明の後には、例の「如実、不顚倒、清浄なる空性が現れる」という表現が付け加えられていた。つまり、心のわずらいの原因になるような「空ではない」なにものかが残る状態であっても、それは空性と呼ばれている。だが、それぞれのサイクルに現れたさまざまな「如実、不顚倒、清浄なる空性」は、後世の大乗仏教において述べられるような究極的な意味の空性ではない。そもそも『小空経』では、そのような究極的な意味の空性という概念はないのである。

では、空性とはなにものも残らないような状態であろうか。完璧なゼロの状態とはありうるのであろうか。ともあれ『小空経』では、空ならざるものを含まないような段階は登場していない。

2 『無我相経』における空

一般に原始仏教は無我説だといわれてきた。しかし、中村元氏によれば、最初期、つまり原始仏教では、「アートマンが存在しない」という言い方はなかったのである（中村元『原始仏教の思想Ⅰ』春秋社、一九九三年、六三四頁）。従来、ウパニシャッドにおいてアートマンは存在するというのを否定して、仏教ではアートマンは存在しないといってきた、といわれているが、そのような理解は正しくない。つまり原始仏教の中でウパニシャッドの説を直接的に否定していることはあるかなきかである。古典のウパニシャッドの中で、仏教らしきものが批判されていることもほとんどない。仏教経典の中でこれを言っているのだろうと思われるところもあるが、正面からウパニシャッドのアートマン説を否定しているところはみられない（中村元『初期のヴェーダーンタ哲学』岩波書店、一九五〇年、一七八頁参照）。したがって、原始仏教経典にはアートマンが存在しないといっている箇所はないといってよいであろう。以上が中村元氏の考え方である。

では、なぜ無我説という語が従来用いられてきたのであろうか。原始仏教では、人間の具体的な経験の範囲で客観的に把握されるものはどれをとってもそれは我（アートマン、アッタン）ではないと考えられたのである。一方、倫理的主体としての自己、つまりサンスクリットでアートマン、パーリ語でアッタンと呼ばれるものは、むしろ積極的に認められた。釈迦は自己というものを否定したわけではなく、怠けずに努力せよと弟子たちに言い続けたのである。かの有名な「サイの角のごとくただひとりで歩め」という教えは、「自分というものを持て」といっているのであって、いかなる意味の我をもなくすべきだといっているわけではない。この場合の自分とはウパニシャッドの考えたような我（アートマン）、つまり形而上学的な実体というものではない。それは否定さるべき我である。

原始仏教における「我ではない」は、無我（「我がない」）とどのような関係にあるのか。釈迦が悟りを開いた後、初めて比丘たちに説法したといわれる『初転法輪経』の一部である『無我相経《むがそうきょう》』（『大正蔵』第二巻、七下―八上頁）には次のようにいわれている。

そこで世尊（釈迦）は五群の比丘たちに告げて（中略）いわれた。

「色《しき》は、比丘たちよ、我《が》ではない。色がもしも、比丘たちよ、我であったならば、この色は病にかかることはないであろうし、『わたしの色はこのようであれとか、わたしの色はこのようであってはならない』と色に対して命ずることができよう。しかし、比丘たちよ、色は我ではない。それゆえ、色は病に陥るのであり、『わたしの色はこのようであれとか、わたしの色はこのようであってはならない』と色に対して命ずることはできない」

ここでは「色は我である」を否定して「色は我ではない」と述べられており、「色に我がある」とか「色に我がない」(色は無我である)という表現は見られない。したがって、『無我相経』に述べられる考え方は非我説と呼ぶべきかもしれない。しかし従来、無我説という名称が用いられてきたのには、それなりの意味があると思われる。

ここで引用した箇所にあっては、色が問題になっているが、色は世界の五構成要素(五蘊《ごうん》)の第一であって、当然第二の構成要素である受(感受)が我ではないという議論、さらには第三の想(原初的観念)が我ではない議論など、五蘊のそれぞれが我ではないという議論が想定されている。もしも我が存在するならば、それは五構成要素のいずれかであり、五蘊以外のところには我は存在しないと考えられている。したがって、五蘊のいずれも「我ではない」ときは、どこにも「我はない」つまり無我なのである。したがって、「我ではない」（非我である）という表現と「我がない」（無我である）という考え方とは原始仏教には共に見られるということができよう。

問題は、先ほど引用した箇所で見た「色は我である」を否定して「色は我ではない」というように「色」と「我」とが同格で述べられていることだ。「色に我がある」（あるいはない）という表現は『無我相経』以外でも見出すことはまずできないであろう。これは、我が色に存する不変の実体あるいは本質であるというのではなく、眼に見える形をも伴った存在物としての色つまり物質（物体）が、「我」であるとかないという次元で考えられていることを表している。すなわちこの経では、我とは、例えば病にかかりそうなときにはその病を避けることができるというような、自在な力や自由意志を持つ形あるものと考えられている。

しかし、『無我相経』には「わたしの色」という表現が見られる。ここでは「わたし」という語と「色」という語は同格に置かれていない。したがって、少なくともここではわたしはそのまま色であるとは考えられていない。しかしこの「わたしの」という表現が指し示す「わたし」は、「色は我ではない」というときの「我」とは同一のものではないであろう。もしも同一ならば「わたしの色」というような斜格の関係は許されないからである。「わたしの色」という場合の「わたし」については、『無我相経』はほとんど考察していない。

「色は我ではない」というような表現に見られる我の概念が、後世、仏教思想史の中でどのように変化したのかについては、われわれはまだ明確には把握していない。原始仏教に続く部派仏教の時代においては、「我」は少なくとも『無我相経』に述べられたような、「自由意志を持って病気などの不幸から逃げることのできる形あるもの」というようには考えられていない。

3　部派仏教の無我説

部派仏教の時代にあっても、原始仏教以来の有名なスローガンである「諸行無常」および「諸法無我」が掲げられた。「諸行無常」とは、生滅変化するすべての現象世界は常住のものではないという意味であり、「諸法無我」とは、あらゆるものには我と呼ぶことのできる実体は存在しないということである。しかし、部派仏教におけるこれらのスローガンの意味合いは、原始仏教における意味とは異なった。つまり、すでに述べたように、部派仏教によれば世界は有限個の要素の組み合わせによって成り立っており、それらの個々の要素は実在である。われわれの身体などはもろもろの要素の集合体であり、集合体は個々の要素である原子などに分解できるという意味で無常なのである。さらに部派仏教の者たちは、すべてのものが一瞬の間に生まれては消滅し、また次の瞬間に生滅をくり返すと考える。部派仏教にあっては、瞬間毎にものが消滅をくり返していても、ともかく瞬間毎に生じているのであるから実在であると考えられた。このように瞬間毎に生滅がくり返されるということが、部派仏教の者たちが「諸行無常」および「諸法無我」を説明するときの根拠のひとつとなった。常住である個々の要素が存在するということと、諸法は無我であるということは、部派仏教にとって矛盾ではないのである。

部派仏教にとってもっとも重要な理論の一つは、世界がもろもろの構成要素の因果関係によって成り立っていることである。xによってyがある、つまりxという原因によってyという結果が生まれる、というのが部派仏教のアビダルマ哲学の鉄則である。そうなれば、xとyの要素は一応固定されたものでなければならない。そうでなければ因果関係は成り立たないからだ。しかしxがあるからといってアートマンがあるということにはならない。彼らが考えている要素、例えば五位《ごい》七十五法《しちじゅうごほう》という形にまとめられた七五の要素は存在する。しかし、一方、我は存在しないということは、いわば二極分解が起きていることになる。これを竜樹が代表する大乗仏教徒たちは批判したのである。つまり、竜樹たちにとっては、無我であることは当然であり、「x、yといった常住の要素が存在すること」さらには「xからyが生ずるということ」に批判の矛先を向けたのだ。

x、yという個々の要素を一つの単位として世界を考えるということは、因果関係を認めることであり、竜樹にとっては因果関係を認めること自体が是認されることではなかった。最終的に竜樹は縁起という相関関係は認めるが、アビダルマのようなxからyが生ずるといった確定した因果関係は認めなかった。これはアビダルマの人々にとっては勝手な言い分であったろう。一体、何が異なるのか。竜樹は因果関係を一度否定して、よみがえらせている。こういった否定のあり方が部派仏教あるいはアビダルマ仏教にはないし、必要としない。なぜ、アビダルマ仏教と正面対決をしてまで、竜樹が否定をしなければならなかったか。そこに空の思想の意義、重要な本質が隠されている。

第5章　インド仏教における空㈡——初期大乗仏教

1　行為の思想としての空

行為には現状認識と目的と手段という三つの要素があることはすでに述べたが、行為の時間は「目的が達成される前」と「目的が達成される瞬間」と「目的が達成された後」という三つの部分に分けることができる。空思想が実践される場合の時間も空性に至る前、空性に至った瞬間、至った後という三つの部分から成り立っている。

空性に至る前、修行者は自己否定作業を積み重ねるのであるが、ある瞬間、彼は目的である空性に至る。このときの空性は、単なる否定ではなく肯定的積極的な要素を含む一種の直観知となる。この直観知は瞬間的なものであり、その瞬間には人は言葉を失っていると考えられている。それは禅僧の悟りにも似たものであり、空性を悟ったその瞬間にはその人に概念作用はないであろう。一般に神秘的直観は瞬間的だといわれるが、空性の悟りも広義の神秘的直観の一種だと考えられる。

空性の直観を得た修行者は空性に留まるのではなく、直ぐに平常の精神状態、つまり言語活動が可能な状態へと戻ってくる。しかしながら、空に至った後のあり方は空に至る前のあり方とは根本的に異なっている。このように、空の実践は時間的に連続した方向の違う二つの行為から成っている。二つの行為の方向を分ける地点に空の直観知がある。その直観知によって、後半の行為は方向のみならず内容、意味の異なるものとなっている。

空の思想は行為の思想に他ならない。つまり、ものが不変の実体を欠いていると考えることが空の思想であるというよりも、ものが空であることを言葉を越えた直観で体得し、その経験をその後の生活に生かすという行為の時間を捉えているのが空の思想なのである。

2　竜樹における空と縁起

大乗仏教の興隆期にあって、竜樹はその主著『中論』によって「空の思想」の理論的モデルを作り上げた。四五〇あまりの偈頌《げじゅ》より成るこの著作は、インドの論典としてはむしろ小品だ。だが、この小さな著作は、インド大乗仏教の代表的著作となったばかりではなく、ネパール、チベット、中国、日本へと伝えられた大乗仏教の思想的核を伝える論書となった。

『中論』は二七章に分けられているが、その構成は明白ではない。つまり、この作品は序、問題提起、本論、結論というような構成を有しておらず、各章がそれぞれに別個のテーマを取りあげ「もろもろのものが空であること」を述べようとする。『中論』の中の偈によって簡潔に表現されているテーマは、総じて「xは存在しない」という否定形で示されており、存在しないことが「空であること」の第一の意味であることは間違いない。ただし「空であること」の意味はそれだけではなく、すでに述べたように、空性の智慧あるいは境地、さらには空性の直観を得た者が見た肯定的な世界という意味も存するのである。空の思想はCTスキャンのフィルムのように、ある時点における静的な世界を語るものではない。空の思想は宗教実践の総体を語るものであり、実践が行為である以上、空の思想は行為の有する諸側面を語るものなのである。ムービー・フィルムのように、時間の経過も示すことができるようなものが空の構造を明示するにふさわしい。

『中論』の論議を具体的に見てみよう。この論書において否定されるのは、基本的に命題の内容である。第一章においては「どのようなものにも生ずることがないこと」が示されている。あらゆるものにおける生ずることの存在が否定されているのである。

第二章では「どのような場にも運動のないこと」や「どのような人も行かない(歩かない)こと」が論証されている。第二章では歩くことつまり運動を、歩くこと、歩く人、踏み歩かれる場所(道路)、というように三つの要素に分けて考察し、最終的にはそれら三つの要素のいずれも成立しないということを証明しようとしている。竜樹が否定しようとするのは、歩くこと、歩く人といった個々の対象の存在はむろんのこと、「歩く人が道路を歩く」というように命題によって表現される内容もである。『中論』の各章はそのように、考察の対象としたものの存在を否定する作業の積み重ねであり、著者がその作業を通じて空性に至ろうとする意志を感じることができる。

もちろんこの否定の作業は悟りを目的とするものであったから、否定のきわまった結果に生ずる様相、新しい世界こそが竜樹の目指すものであった。前節で述べたように、否定に終わるのみではなく、否定によって現れてくる肯定的、積極的な何ものかを目指していたのである。

竜樹の思想は、世界の空であることを独自の論理によって突き詰めるとともに、元来別の起源を持つ思想である縁起（あらゆるものやことが互いに依《よ》ってあるとの考え方）と空とを結びつけることによって、徹底した空（否定）の世界でありつつ、あらゆる存在を動的なまま受け入れ得る、特異な世界を作り出す容器となった。

縁起という思想は釈迦の時代からあったが、空の思想は原始仏教、部派仏教においてはそれほど大きな存在ではなかった。無我思想、非我思想というのは実質的には空の思想と同じ意味を持っているものであり、そういう意味では大きな思想であったが、竜樹までは縁起ということと空ということは違う流れとして伝えられてきた。竜樹は歴史的には別であった二つの思想を結びつけたのである。

縁起の思想の基本は、xに依ってyがある、yに依ってzがあるということである。xを原因としてyが存在し、yを原因としてzがあるというような形で因果の連鎖によってものの存在を説明する思想である。原始仏教の縁起思想においては、xからy、yからzというように方向が定められている。縁起のもっとも完成された形は一二の項による十二縁起であるが、一から一二番目の成立の順序は定められており、一から二へ、二に依って三、三に依って四というように進んでいく。三から二へ、二に依って一があるというような、その逆の方向を有する十二縁起の系列は述べられていない。

ところが、竜樹は縁起をより広い意味で用いた。竜樹の縁起の場合には、xに依ってyがあり、yに依ってxがある、というように方向が相互になる。縁起とは読んで字のごとく「縁《よ》りて起こる」ことであるが、「縁起」という語にはその文字通りの意味に関するかぎり否定的側面は支配的ではない。一方、空とは、すでに述べたように、「yはxを欠いている」ということであり、その意味の中核は非存在であった。縁起と空とは、肯定的と否定的という相矛盾する方向を有していた。これを竜樹はひとつにしたのである。竜樹の説く空の実践が、二つの異なったヴェクトル（方向を有する量）が統一されたものとなった秘密を、ここに見ることができよう。

竜樹における空の実践、つまり空を体得しようとする行為の構造は、「聖なるもの」と「俗なるもの」という一対の概念によって指し示すことができる。迷いの世界という現状から修行という手段を経て空性を体得するに至り、そしてその空性の働きによって迷いの世界が浄化されるというのが空性を求める行為の全体像である。この際、迷いの世界は俗なるものであり、空性は聖なるものであり、修行は俗なるものから空性に至る力となるとともに、聖なるものから俗なるものに与えられる力の源泉の一つとなる。この場合、迷いから空性へ至る歩みは、俗なるものから聖なるものへの方向を有したヴェクトルであり、空性に至った後世界へと戻る歩みは、聖なるものから俗なるものへの方向を有するヴェクトルで表される。

空の思想は基本的には、俗なるものとしての煩悩《ぼんのう》などが否定されて聖なるものとしての空性に至るヴェクトルに焦点が合っており、縁起説とは基本的には、聖なるものから俗なるものへ至るヴェクトルつまり聖なるものが力を与えて俗なるものを許すというポジティブなヴェクトルに焦点が合っている。つまり空に至った後よみがえってきた世界は縁起の世界である。ここでは言葉あるいは世界はその存在が許されている。一方、俗なるものから聖なるものへ至るヴェクトルは、ネガティブなヴェクトル、つまり否定していくプロセスであり、ここでは言葉あるいは世界は否定される。このように縁起と空性という二つの異なったものをひとつの行為の中の二面として竜樹は捉えたのである。そのような視点、視野の中で空性という智慧あるいは境地が体得される時間、ヴェクトルが方向をかえる時間がうかびあがったのである。

竜樹の偉大さは、このように肯定的な側面と否定的な側面を統一したところにある。この考え方は後世、チベット、中国、日本と受け継がれていった。仏教がインドを出て各地域の文化と交流しつつ他の地域の仏教となる際に、この容器の柔軟性、内容の豊富さは大きな魅力、大きな武器となったであろう。一方、またそれにもかかわらず、彼の思想の中にあった強固な主張、独創的で今までの伝統的なものをまとめたのではない独自の思想も大きな魅力となったであろう。彼は否定的契機としての空のみを主張するのではなく、救済への幅広い可能性、つまりものが成立してくる局面を考えた。そのような幅広い可能性が、それぞれの地へ仏教を運ぶ有利な可能性になったであろうことは想像に難くない。竜樹が八宗の祖といわれる理由は、このように肯定的な側面と否定的な側面をダイナミックに併せ持ったことにあるだろう。

3　竜樹における言葉

竜樹のみならず仏教全体にとって、言葉は一度は否定されるべきものである。言葉はその基本構造として主語と述語、インド的にいうならばダルマ（法）とダルミン（有法）との関係を表現しており、それは世界の構造を表しているものといえよう。世界は二つ以上の項とその間の関係とがあれば成立する。竜樹はこの点に注目する。言葉は世界であり、宗教学的にいえば俗なるものだ。否定を通じて聖なるものの顕現を待つ必要のあるものである。言葉をこのような意味で竜樹は「プラパンチャ」と名づけている。「プラパンチャ」とは分かれて広がること、つまり分裂を意味する。言葉あるいは命題が主語と述語に分かれていることが、ここでいう分裂つまりプラパンチャである。さらに、言葉を表現するその行為もプラパンチャである。例えば、私が「ペン」と言ったとき、その「ペン」という言葉自体もプラパンチャであり、対象を言葉によって呼んでいる行為そのものもプラパンチャである。

「プラパンチャ」のパーリ語である「パパンチャ」は、パーリ仏教経典には一六回現れている(水野弘元『南伝大蔵経総索引』第一部上巻、日本学術振興会、一九五九年、二八八頁)。しかしそこでは、くだらないおしゃべり、つまり本質を突かないおしゃべりというようにしか使われていない。漢訳ではこれを「戯論」と訳した。ところが竜樹は「プラパンチャ」という言葉を彼の思想の中核的な概念として用いた。先ほど述べたように、言葉あるいは世界として用いた。言葉あるいは世界は自らを止滅させることによって、行者あるいは仏は聖なるものとしての空性の顕現を可能にする。言葉が自ら開いて自らの矛盾をあらわにしていく過程、修行者が言葉を分析して言葉が持っている矛盾を明らかにしていくという過程は、『中論』における第一のヴェクトル、すなわち俗なるものから聖なるものに至るヴェクトルに相当する。『中論』の大部分はこの第一のヴェクトル、つまり俗なるものとしての言葉を止滅させていくプロセスの説明にあてられている。

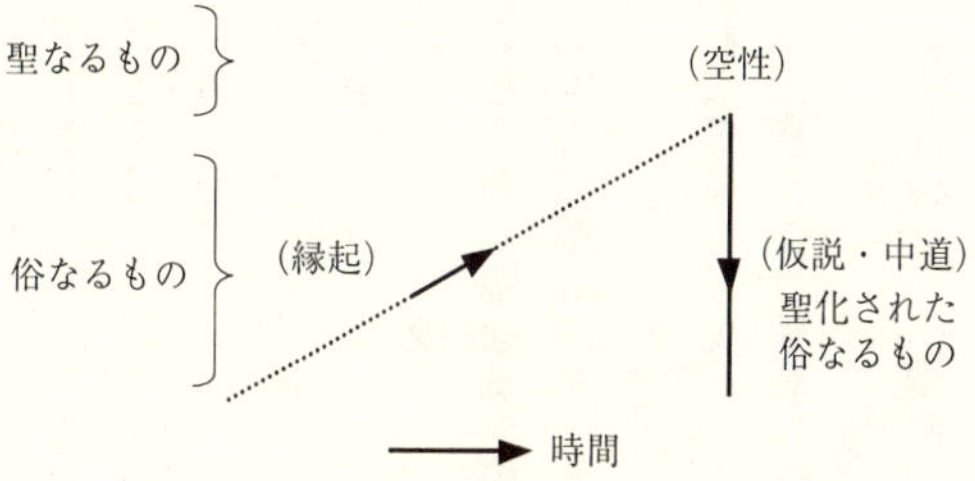

図７　縁起と空

４　縁起、空性、仮説、中道

「聖なるもの」の顕現のために一度死んだ「俗なるもの」が、「聖なるもの」の顕現と同時に「再生」するという過程を図示する場合、俗から聖に至るヴェクトルを斜線で示すとすれば、聖から俗に至る過程を示す第二のヴェクトルは垂直に短く表すことができる（図７参照）。というのは、俗から聖に至るまでには今述べたような止滅のための長い時間を要するのに対し、聖に至ってそこから俗に帰ってくる場合は前に述べたように瞬間であるからである。

このような瞬間性は、集団的な宗教行為の場合と対照的である。例えばカトマンドゥ盆地に住むネワール人仏教徒の社会では、葬式を行った後、喪があけるまでに一年を要する。死者の出現によって一気に聖なる気分が高まるなか、死者は別世界に送り出され、生きた者は元の俗なる世界に戻ってくるのであるが、元の日常に戻るには長い期間が必要だからだと思われる。しかし個人的宗教行為はその逆である。つまり、修行者が悟りを得る場合、何年かの修行を経ていても、その人に聖なるものが顕現し何かがひらめいたその瞬間にはもう俗の世界に戻っているのだろう。電灯が切れたその瞬間に悟ったり、トイレに行った瞬間に悟るという例も聞く。瞬間であっても、それ以前の自分とその後の自分はまったく変わってしまう。

俗なるものから聖なるものに至り、聖なるものから俗なるものに帰るプロセスを、竜樹は『中論』第二四章一八偈で次のように述べている。

縁起なるもの、それをわれわれは空性と呼ぶ。
それ（空性）は仮説であり、中道である。

この偈において、「縁起」は俗なるもの、「空性」は聖なるもの、「仮説《けせつ》」および「中道」は聖化された俗なるものを意味する。この偈は、俗なるものとしての縁起から聖なるものとしての空性に至り、その空性が俗なるものへと、俗なるものを聖化しながら戻るプロセスを示しているのである。

5　空と因果関係

著作の中心テーマを的確に語っている『中論』第一章一偈は、次のようなものである。

もろもろのものはどのようなものでも、どこにあっても、何時でも、自からも、他からも、自他の二からも、さらに無因からも、生じたものとして認められない（第一偈）。

すなわち、この世界において、ものが生ずることはないということである。もしものが生ずるならば、自からか、他からか、自他の二からか、さらに無から生ずるであろうがそのいずれの場合もないと、この偈はいうのである。

ここでは二つの側面を考えなくてはならない。一つはものが生ずるというのは原因から生ずるということであるが、ここではものはどのようにしても生じないといわれているのであるから、したがって「原因からものは結果として生じない」、つまり原因結果の関係が成り立たないということである。これが第一の点である。

もうひとつは、どんなものも生じたものとしてはありえない、つまり、ものには生ずることはないということである。ものという基体には生ずるという運動は存在しないと言っていることになる。換言すれば、ダルミン（基体、有法）とダルマ（属性、法）との関係が成立しないのである。今の場合、有法に法が顕れることが結果として生ずることであるから、ダルミンにいかなるダルマも生ずることがないと言っていることになる。

ヒンドゥー実在論から見れば、これは世界の基盤の崩壊であり、ありえないことである。ここでは竜樹の当面の論争相手はアビダルマの人であり、すでに述べたように、アビダルマでは原因と結果によって世界を説明する。これに対し竜樹は原因結果が存在しないというのである。

第二偈には、「自性《じしょう》（スヴァバーヴァ）」という概念が見られるが、この概念は『中論』の論議にとってすこぶる重要である。

もろもろのものの自性は縁（原因）等に認められない。
自性が認められないから他性《たしょう》も認められない。

「桜の木の本質はこの木にない」は「この木は桜ではない」を意味する。したがって、この第二偈において「もろもろのものの自性は縁（原因）等に認められない」とあるのは、「縁（原因）等はもろもろのものではない」を意味する。この場合の自性（sva-bhāva）とは、ものの本質と考えられ、ものと自性とは有法（基体）とその上に存する性質（普遍）とであると考えられる。さて、他性とは他のものの自性であるゆえに、自性が原因等に存しないならば、「他性」という他のものの自性すなわち本質も原因等に存しないと竜樹は主張するのである。

しかし『中論』では、自性（スヴァ・バーヴァ）はこの偈や他の箇所において今説明した意味以外にもう一つの意味で用いられている。そこでは、もろもろのもの（バーヴァ）が自のもの（スヴァ・バーヴァ）と他のもの（パラ・バーヴァ）という補集合的関係にある二つのグループへと分割される場合があり、その際、自性はその一方の「もの」の意味でも用いられているのである。ものが補集合的関係に分けられているとき、自のものでもなく、他のものでもないものは存在しないのである。

ものの本質としての自性はダルミンとしてのものに存するダルマであったが、この第二の意味の自性(自のもの)とはダルミンのレベルにあるものであって、ダルマのレベルにはない。同様にして、他性(他のもの)もダルミンのレベルにあるものである。このようにあるものを補集合的関係にある二つのグループに分けることは竜樹の論法にとっては不可欠なことであった。

第二偈およびそれ以降の論議にあっては、スヴァ・バーヴァという語がものの本質としての自性という意味と、ものそれ自体という意味との二つのレベルにおいて用いられている。第二偈前半において「ものの自体が原因に存しない」つまり「ものは原因ではない」といった後、「ゆえにものの他性も原因に存しない」という命題の意図は、「自のものばかりではなく他のものも原因ではない」と主張することである。ここでは、前半が「ものの自体は原因でない」と主張できるからである。

このようにスヴァ・バーヴァをダルマとしての自性とダルミンとしての自体という二つの意味に用いることは、竜樹の論法にとっては必要なことであった。

第三偈は以下のようである。

縁は四種である。因縁と所縁縁と次第縁と増上縁とであって、第五の縁はない。

これは竜樹独自の説ではなく、当時のアビダルマ仏教の学説である。第三偈で竜樹は「もし原因結果があるなら、この四つのいずれかであるはずだ」とアビダルマの人々に対して述べているのである。アビダルマの人々にとっては、ものが生ずるのは当然のことである。彼らは原因結果によってほとんどすべての現象を説明しており、彼らにとって原因結果が成り立たないとは考えられないことだ。竜樹はアビダルマ論者の説に一応従って、因とは四種類であると想定し、それをひとつずつ打ち消していくといった論法を採っている。

ここでいう「因縁」とは、「因」と「縁」すなわち「原因」と「条件」といった意味である。所縁縁とは認識論が成立する場面における原因であり、認識の対象（所縁）のことである。

次第縁とは何か。アビダルマの人々によれば、瞬間はその中でものが生じたり滅したりすることのできる幅を持っており、ものは瞬間瞬間に滅してまた生じていると考える。例えば、今ペンがあるとすると、このペンは瞬間瞬間に滅してまた生じているのであり、ある瞬間のペンの認識は次の瞬間のペンの認識の原因となると考えられる。このように一瞬前の存在の認識が次の瞬間の存在の認識の原因となっているというのが次第縁である。

増上縁とは、このペンを作る際に邪魔しなかったという理由において原因となるものである。このペンを作ろうと積極的に貢献した人は当然このペンの存在の原因となるが、このペンを作ることに障害とならなかったもの、例えば、ペンを作った人の飼犬も、ペンの製作の原因の一つと考えられ、増上縁と呼ばれる。

竜樹は第七偈において因縁つまり原因と条件の存在を総括的に否定している。第八偈は所縁縁について「この有の法は無所縁であると説かれる」とし、見る対象ではない、つまり見ることはできないものだといっている。第九偈では、「諸法が未だ生じないときには、滅は可能ではない」、ものは生じないのだから消滅もなく、前の瞬間を考える必要がないという。第一〇偈は増上縁について、「無自性である諸《もろもろ》の有体には存在性はないから、彼があるときに此れがあるということは可能ではない」、つまり諸々のものはそれ自身ないのだから因果関係はありえないと考えた。

このように『中論』の論議においては「自性」という概念がすこぶる重要であるが、この概念は『中論』においてのみではなく、大乗仏教史において重要な概念である。注意すべきは、この概念が大乗仏教史の中で大きく変化することである。「空」

（空性）という概念が大きく変化してきたことはすでに述べたが、空という概念の変容は、「自性」という概念の変容と関係するのである。

『般若心経』にも見られるように、「五蘊は自性を欠いている」（つまり空である）というのが空の表現の基本である。『廻諍論《えじょうろん》』の中で竜樹は「すべてのものは空である、自性がないから」と明言する。しかし、逆に「自性がない故に空である」というようには決していわない。「自性がない」というときの「自性」とは何かという問題は、後の仏教史を決定づけるほど重要なものであった。

第6章　空と否定——否定における領域の問題

1　二種の否定

仏教の修行の根本は、業《ごう》（行為）や煩悩《ぼんのう》を俗なるものとして止滅させること、あるいは否定することである。そのような俗なるものの否定により、聖なるものとしての悟りが顕現するのである。空という語は、元来否定を意味しており、空思想においては、俗なるものの止滅によって聖なるものが現れるための否定を指している。

空思想において否定の対象は、神であり世界であり、人間である。要するにすべてなのであるが、議論の中では否定対象としては世界に焦点があてられる。世界の構造は言葉によって述べ伝えられるのであり、空の思想家にとって言葉あるいは命題を否定することは世界の構造そのものを否定するに等しい。否定には一般に命題の否定と名辞の否定との二種が存するが、空思想の文献においてはその二種の否定が明確に区別されており、さらにその区別が空思想の論理学的解明にとって重要である。

どのようなことであれ、話者にとって意味のあるものとして成立していることが、否定が成立する前提条件である。すなわち否定は、何ごとか、あるいは何ものか、の否定なのであって、単なる否定は不可能である。「このプールに女性がいない」という命題を取り上げてみよう。「このプールに女性がいることはない」と書き換えてもその命題の意味は変わらない。この場合、そのプールに女性がいるという事象がいったん定立させられた後で、その事象の真なることが否定されている。

この場合、プールに女性がいるということが一般に可能であることはよく知られている。しかし、否定の対象は現実の世界においてその存在が一般的に認められているとは限らない。例えば、「兎《うさぎ》の角は赤くない」という命題において、「兎の角」という語の指し示すもの（レファランス、指示体）の存在は現実世界において認められていない。だが「兎の角」という概念にはそれなりの意味があり、われわれは「兎に生《は》えた角のようにありえないもの」という意味でこの表現を用いている。「実際にはありえないものが赤くない」は、意味ある命題として一応成立し、その後でその命題の真なることが否定されるのである。

このプールに女性がいる、ということを否定するとはどのようなことか。プールも女性もその存在が一般に確認されている。プールに女性がいるということもあり得ることだ。今、この命題において否定されるのは、プールの存在でも、女性の存在でもなく、プールにおける女性の存在である。

一方、名辞の否定は「女性ではないもの」という表現に代表される。「女性ではないもの」(非女性)とは、今、論議されている領域が人間である場合には男性を意味する。すなわち、「非女性」は全人間の領域から女性の領域を除いた領域(男性の領域)の定立を意味する。論議領域が、もしも人間ではなく生類すべてである場合には、「女性ではないもの」に犬や猫も含められることになる。つまり、「xではないもの」(非x)という表現は、名辞Xの指し示す領域(集合X)を全論議領域より除外して、残りの領域(集合Xの補集合)を肯定するのである。

「このプールに女性がいない」という命題においては、「ない」という否定辞は「いる」という述語動詞にかかる。つまり「このプールに女性がいる」という命題の否定は、「いる」という述語動詞の否定に等しい。一方、「非女性」という語が「〔人間の中の〕女性以外のもの」つまり男性を意味するときも、「〔全宇宙の中の〕女性以外のもの」つまり男性、犬、花等を意味するときも、「非女性」という語は、全論議領域から「女性」という領域をのぞいた領域を指し示しているのであって、「プールに女性がいない」という命題の否定辞「ない」とは異なった否定を含んでいる。

このように、命題あるいは文章に表現された否定辞は、命題（あるいは述語動詞）を否定する場合と、命題の中の名辞を否定する場合との二種があるといえよう。「女性がいないのではない」という二重否定は、「女性がいない」という否定命題の否定と考えられるので、「女性がいる」と真偽が一致する（等価である）。「女性がいる」と「女性がいないのではない」との間には微妙なニュアンスの違いがある。しかし、この論議の領域ではその種のニュアンスの違いは問題にされない。

2　否定と含意

「このプールで女性は泳がない」という命題から、泳ぐ人が存在するという前提のあるときには、「したがって、このプールで男性が泳ぐ」という命題が引き出される。このように、ある命題と前提から論理的に引き出される内容あるいは命題を含意（あるいは含み）という。この場合、「このプールで泳ぐ人間が存在する」という前提がないときには、「このプールで女性のみならず男性も泳がない」つまり「誰も泳がない」こともあり得る。

述語動詞の否定は命題の否定に等しいと述べた。しかし、否定対象の構造の中で否定はどのような構成項をどのように否定するのか。「このプールで女性は泳がない」という否定命題から引き出される可能性のある含意には以下のような場合がある。

（一）かのプール以外（池など）で女性が泳ぐ。

（二）かのプールで女性以外（男性など）が泳ぐ。

（三）かのプールで女性が泳ぐこと以外の（沐浴《もくよく》などの）ことをする。

（四）かのプール以外で女性以外が泳ぐ。

「このプールで女性は泳がない」という命題において、否定辞「ない」は「泳ぐ」という動詞にかかっているが、（一）、（二）等の含意においてはその否定の意味は「プール」、「女性」などにかかっている。しかし、（一）、（二）等の場合も、文法的には否定辞「ない」は述語動詞にかかっており、「プール」や「女性」にかかっているわけではない。例えば、（一）は、かのプールで女性が泳ぐことが否定されている一方で、「このプール以外の池などで女性が泳ぐ」という前提がある場合に引き出される含意が表現されている場合もある。すなわち、この命題における一つの論議領域が泳ぐべき場所であり、その中にプールや池が含まれている。今の場合は、プールにおける泳ぐことが否定され、プール以外の場である池などにおいて泳ぐことがありうると考えられている。つまり、否定辞「ない」は「泳ぐ」にかかるのではあるが、意味的にはかのプールで泳ぐことという否定対象を否定しているのであり、プール以外の泳ぐ場が論議領域として問題にされている。泳ぐことがプールという項の領域に存しないならば、プール以外の池などという領域に存する可能性があるといわれているのである。

（二）の場合も同様に考えることができる。否定辞「ない」は述語動詞にかかっているが、意味的には泳ぐ者の領域から女性の部分を排して、補集合的領域である男性の領域を定立させ、その男性の領域における泳ぐことの存在の可能性を示唆している。

（三）以下に関しても同様に考えることができる。

以上、「このプールで女性は泳がない」という否定命題から引き出しえる含意について述べてきたが、含意が成立しない場合も当然ある。例えば、「このプールで女性は泳がない」という命題において、プール以外の泳ぐ場や女性以外の泳ぐものなどを考える必要のない場合には、含意は生まれない。

このように命題における否定には二種ある。第一は述語動詞を否定することによって命題全体を否定する場合と、第二は論議領域の部分Aを否定（排除）してその補集合的部分非Aを定立させる場合である。

3 『中論』における動作の否定

竜樹は命題が二つ以上の項（主語と動詞、主語と動詞と目的語など）によって成立していることに注目する。彼の言葉の分析の結論は、二つ以上の項に分裂している言葉は究極的には、すなわち空の立場では成立し得ないということであった。つまり、主語と述語があって意味を成す世界にいる限り、われわれは悟り得ないというのが竜樹の立場であった。彼にとって、「空」とは言葉の否定を意味した。この言葉の否定を弁証するにあたって、竜樹は否定辞の有する二種の機能をたくみに使い分けている。

竜樹は『中論』第二章「すでに歩かれた場所（已去処《いこしょ》）とまだ歩かれていない場所（未去処《みこしょ》）の考察」において、歩く（行く）という動作とその動作の行われる場所との関係を扱っている。彼はまず「道路が〔踏み〕歩かれる」つまり「道路などに歩くという動作が見られる」という反対論者の意見を想定する。竜樹に反論する者たちは、道路という基体に歩くことという運動が存在しており、この基体と運動との関係は「道路が歩かれる」という受動態の文章によって表現されると考える。竜樹は「道路が歩く動作を受ける」といった命題も成立せず、さらに究極的には道路とか運動というものは存在しない、すなわち、諸々のものは空であると主張する。「道路が歩かれる」という命題が成立しないことを証明するために、竜樹はこの命題を以下の三つの場合に分けて考える。すなわち第二章一偈は次のようにいう。

（a）すでに歩かれた場所（已去処）は歩かれない（歩く動作を受けない）。
（b）まだ歩かれていない場所（非已去処、未去処）は歩かれない。
（c）已去処と非已去処を離れた今歩かれつつある場所（現去処）はない。

これらの三命題では、道路の領域が補集合的関係に分割されている。（a）は、歩くことがすでに歩かれた道路の領域（gata）に存在しないと述べ、（b）は歩くことがまだ歩かれていない領域（すでに歩かれた領域以外の領域、a-gata）に存在しないと述べ、（c）はそれらの二領域を離れた領域は存在せず、したがって、そこにも歩くことはないと述べている。（a）（b）および（c）を総合することによって、竜樹は歩くべき場（道路）のいかなる領域にも歩くことは存在しないと主張する。「すでに歩かれた場所」を意味する「ガタ」（gata）は、「歩く、行く」を意味する動詞「ガム」（gam）と、過去受動分詞を表す「タ」（ta）から成る語である。否定を意味する辞a（非）を加えた「アガタ」（a-gata）は「まだ歩かれていない場所」を意味する。（a）と（b）には「ガタ」にも「アガタ」にも「踏み歩かれる」という動作がないと述べられている。「踏み歩かれる」は、「歩く」という動詞の語根gamに受身を表すyaを加えた受動形gamyateによって表現される。英語の動詞goは他動詞には使われないが、サンスクリットの動詞gamは、「踏み歩く」という他動詞の意味に使われる。

例えば太郎が自分の家からポストまで行くのに、すでに家から歩いてきた道はガタである。ここはすでに踏み歩かれており、過去において動作が行われることはない。現在いる地点からポストまではまだ踏み歩かれていない領域（アガタ）であり、そこでは動作はまだ行われていない。そして、現在、太郎がいる地点は踏み歩かれつつあるもの（gamyamāna）であるが、ここには場所あるいはスペースがないため踏み歩かれることはない。

ここで「アガタ」はガタという領域の存在の否定ではなく、全部の領域からガタを除いた領域を肯定している。このように、サンスクリットで否定することによって否定されない領域を肯定させること、すなわち名辞の否定を定立否定（paryudāsa）

という。

先述の（a）（b）（c）の三つの命題を書き直すとそれぞれa′、b′、c′となる。

（a′）歩かれたところは、歩かれない（gataṃ na gamyate）。

（b′）歩かれていないところは、歩かれない（agataṃ na gamyate）。

（c′）歩かれつつあるところは、歩かれない（gamyamānaṃ na gamyate）。

これらの三つの命題において、否定辞naは述語動詞にかかっており、命題を否定している。こういった述語動詞にかかる否定辞による命題の否定を、非定立否定（prasajya-pratiṣedha）という。「プラサジュヤ」（prasajya）とは、「意味ある想定できる事象を成立せしめて」を意味し、「プラティシェーダ」（pratiṣedha）は「否定」を意味する。重要なことは「歩かれたところは、歩かれない」が、「まだ歩かれないところは、歩かれる」を含意しないことだ。この場合「歩かれることは必ず存在する」という前提があるならば、「まだ歩かれないところに歩くところはある」といえるはずである。しかし、ここでは、命題の否定においてはそのような前提は与えられておらず、「歩かれたところにないならば、歩かれていないところに存する」という含みは成立しないのである。

竜樹は『中論』において、このように「名辞の否定」と「命題の否定」を見事に使い分けるのであるが、このことが竜樹の論議の核心となっている。四五〇偈よりなる『中論』の中で、竜樹は命題の否定辞“na”を用いた否定を五〇〇回以上、名辞の否定辞“a-”“an-”を用いた否定を二三〇回以上使用している。これによっても、『中論』の中で否定がいかに大きな役割を占めているかを知ることができよう。

第二章一偈では時間を空間的に表象することにより、過去、未来、現在の存在を否定した。第二章二偈では、反対論者が、現在歩いているという眼に見える動作があるとし、それに対し竜樹は過去と未来の間に現在という幅があることを一歩譲って認めている。

その上で第三偈では竜樹が第二偈の反対論者の説を批判する。

今歩かれつつあるところに、
歩くことがあるとはどうしていえるか。

ここでは、歩かれつつあるところという基体（ダルミン）に歩くことという運動

（ダルマ）が存することが問題となっている。第一偈では過去、未来、現在という時間が問題となったが、この第三偈では無時間的な観点から、歩かれつつあるものという基体（ダルミン）とそこに存する歩くことという属性（ダルマ）の問題となる。ここでの論議において、「歩かれつつあるというところに歩くことがある」という命題が成立するときには、歩かれつつあるところと歩くことが二つの異なるものである。二つの異なるものが関係を持つということは、まさに「プラパンチャ」という言葉の意味するところである。竜樹は反対論者に対し、「今歩かれつつあるところ」が成立するためには、ひとつの歩くことが必要であり、さらに「歩くことがある」が成り立つために第二の歩くことが必要である。しかし、二つの歩くことがあるとは正しくない、と竜樹は言う。反対論者は歩かれつつあるものと歩くことの二つを別のものとし、この二つの存在を認めたことから、こういった結果をまねいたのである。

4　言葉が持つ矛盾

このような竜樹よりの論議は、一見、竜樹の詭弁《きべん》であるかのように聞こえると思われるが、実際にわれわれの言葉の持っている矛盾、言葉を話す限り逃れることのできない運命というものを、竜樹はついたのである。古代的なやり方ではあるが、竜樹はこの矛盾を指摘した。

このような言葉の持つ矛盾とは、言葉が主語と述語に分かれているという点にある。もっとも、言葉が主語と述語に分かれているのか、もしくはもともと一つのものとしてあった意味を主語と述語という形で切り開いているのかさえ、現代のわれわれにとっても不明なままである。

命題が成り立つためには二つ以上の項が必要である。竜樹はこれらの言葉の広がりがプラパンチャであり、これがある限り世界があり、世界がある限り救いはないと考えたのである。

第六偈まで「歩くこと」と、「歩かれるべきところ」の関係について述べているが、第七偈以降では、「歩く人」と、「歩くこと」との関係についての論議がなされる。そして、「歩くことのはじめ」と「歩くことのおわり」の関係の論議へと展開していく。

第二五偈の後半では、「それゆえに歩くことも、歩く人も、歩かれるところも存しない」と述べられる。これが『中論』第二章の結論である。「ゆえに、すべては空である」というのが竜樹の言外の意味であろう。どんな歩くところにも歩くことはなく、どんな歩く人も歩くことがないと述べた後、最後にはこれらの三つのファクターが存しないとしたのである。このような論法は、ものは不生不滅であるゆえに空の中には生老病死《せいろうびょうし》もなく、色受想行識《しきじゅそうぎょうしき》（五構成要素）もないというものであり、この論法は『般若心経』においても見られるものである。

　では、すべてのものが無であり、悟りも教えもまったく存在しないのであろうか。こうした疑問に対し竜樹は、最高的真理においては空であるが、世俗的真理においてはすべてのものがありうるのだと主張した。つまり空性はよみがえるのである。これは、縁起は空性であり、空性は仮説であるということを意味する。竜樹は、こう考えることで空の実践におけるダイナミズムを完成した。ただし、竜樹は言葉を否定して空性に至るまでの過程に、『中論』の九割を当てている。空性に至った人が仮説としてよみがえる世界についてはほとんど述べられておらず、それらはのちに唯識学派の人々によって、論議がなされていく。

　アビダルマ仏教は、世界は存在し、因果関係によって成り立っていると考えた。それによって世界を説明した。しかし、アビダルマの人々も業《ごう》と煩悩《ぼんのう》を止滅させる修行体系を有しており、否定を繰り返し、厳しい戒律を守りながら、瞑想を行い、業や煩悩のないところに至ろうとした。修行して業と煩悩を止滅させる限りにおいては、空思想の人々と同様であった。しかし、アビダルマ仏教にとっては、世界、特に世界の構成要素としての原子は無となる必要はなかった。つまり、原子は否定の手をまぬがれたのである。

では、空の思想はどうしてすべてを「無い」としたのか。竜樹は業と煩悩は分別、すなわち概念作用から生じると考えた。これらの概念作用は、プラパンチャ（戯論）から生じる。よって、プラパンチャを止滅させることにより概念作用がなくなり、概念作用がなくなることによって、業や煩悩がなくなるというのが竜樹のいわゆる「縁起説」であった。そのようにして世界が存在しないと知ることが、空の実践の前提条件であった。このために空思想は徹底した否定の作業の必要性を説いたのである。

第７章　空と自性

１　自性に関する四つの解釈

原始仏教における無我（非我）の思想が部派仏教にも引き継がれたのであるが、部派仏教においては、それ以前に認められていなかった恒常的な世界構成要素が認められた。すでに述べたように、中観派においてはその恒常的な要素の存在があらためて否定された。このように仏教の「論」の中には、恒常的実体を否定する伝統と、実体的なものの存在を是認しようとする傾向とが存在してきたのである。

そのような意味での実体的なものを指し示す語の代表として、「自性」（スヴァバーヴァ）という語が用いられてきた。第５章において見たように、「自性」という語は『中論』の議論の中で重要な役を果たしてきた。例えば、中観派は無自性論者つまり「もろもろのものに自性はないと主張する者たち」とも呼ばれてきた。一方、ヒンドウー哲学において「スヴァバーヴァ」という語は、少なくとも基礎的概念としては用いられなかった。「スヴァバーヴァ」という概念が重要な役割を果たすのは、ほとんどの場合大乗仏教文献においてなのである。自性の概念のさまざまな解釈を見ることによって、大乗仏教のひとつの「思想の水平」（ホライズン）を設定することができると思われる。

火を考えてみよう。火はさまざまなすがたで現れる。蠟燭《ろうそく》にともる火もある。身体にも「火」があって、食物を消化すると考えられている。インドでは眼から「火」が対象に向かって走ると考えられた。火はこのようにさまざまであるが、熱さ（熱性）はそれらに共通してある。この熱さこそが「火」の自性（本性、本質）である、とアビダルマ仏教では考えられる。同様にして、「水」の自性は湿性、「地」の本性は堅性である。

ところで、蠟燭にともる火から熱さを除けば何が残るであろうか。赤い色やあの形は熱さではない。それらは火から自性としての熱さを除いた「残りもの」である。水の自性は湿性ではあっても、水はそのまま湿性ではない。湿性を核として「残りもの」である重さ、流動性などのさまざまな性質が寄りあつまって水を形成している。水がそれらの性質の集積にすぎないとはいえないとしても、水というものに湿性以外の性質が多く含まれていることはたしかだ。

大乗仏教史の中では、自性と「残りのもの」との関係が主要な問題であった。ヒンドゥー哲学において属性とその基体との関係が極めて重要であったが、すでに述べたように、仏教はおおむね唯名論に属しており、唯名論においては属性と基体との間には明確な区別はなかった。ある学派では「自性」という語の中に「残りのもの」も含めて考えた。この場合には「スヴァバーヴァ」を「自性」と訳すよりも、「自体」あるいは「それ自身」と訳した方がより一層適切であろう。ともあれ、仏教内部においては属性と基体との区別はほとんど問題とならず、それに代わって自性と「残りのもの」との関係が重要となる。仏教思想における自性と「残りのもの」との関係の重要性は、ヒンドゥー哲学における属性と実体との関係のそれに匹敵するといえよう。

自性以外の「残りのもの」を、「非自性的諸要素」あるいは単に「諸要素」と呼ぶことにしよう。仏教史に登場する諸学派の哲学的立場を自性と「非自性的諸要素」との関係から次の四つのパターンに分けることができる。

パターンI　自性と諸要素が共に実在と考えられる場合。

パターンII　自性と諸要素が共に非存在あるいは非実体的なものと考えられる場合。

パターンⅢ　自性は実在ではないが、諸要素は世間的に有効な作用を有するという意味で存在すると考えられる場合。
パターンⅣ　自性は実在するが、諸要素は非存在あるいは非実在的なものと考えられる場合。

図8～11はそれぞれこの四パターンを図示している。図8の実線で描かれた二つの同心円は、内側の円で示される自性と外側の円で示される諸要素とが、共に実在することを示している（パターンⅠ）。図9における破線の二つの同心円は、自性と諸要素とが共に非実在であることを示している（パターンⅡ）。図10における破線の内側の円は自性が実在ではないことを示している。一方、外側の実線は、諸要素が実在であることを示しているのではなくて、非実在的なものではあるが非存在なのではなく、現象を成立せしめるに充分な効果的作用を有するという意味での存在を示している（パターンⅢ）。したがって、パターンⅠとⅢにおける外側の実線の円の意味はいささか異なる。図11における実線の内側の円は、現象の「核」ともいうべき本質（自性）が実在的なものと考えられていることを示し、外側の破線の円は諸要素が実体性を欠いたものであることを示す（パターンⅣ）。

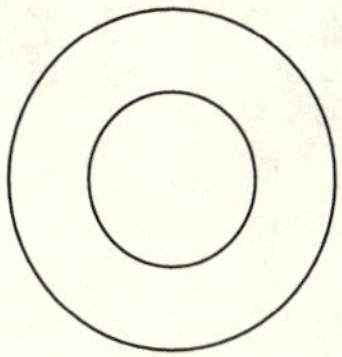

パターンI

図8

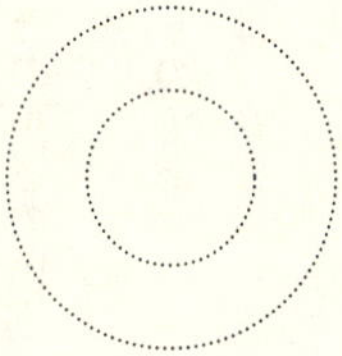

パターンII

図9

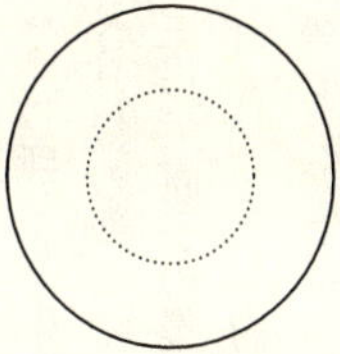

パターンIII

図10

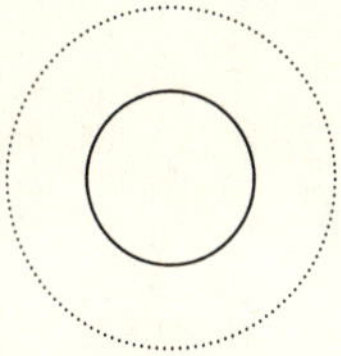

パターンIV

図11

部派仏教のアビダルマ哲学は、パターンIを有している。この哲学によれば、火の自性である熱さのみならず、火の色や形などの諸要素も実体的なものである。この哲学にとっては、われわれが経験する個々の火あるいは水は無常な変化するものである。水や地は原子の集積体であり、個々の原子に分解され得るゆえに、恒常ならざるものと考えられる。個々の原子は「勝義有《しょうぎう》」(究極的存在)、原子の集積である火や水は「世俗有《せぞくう》」と呼ばれて存在が二種に区別されるが、両者とも実体的なものである。

すでに繰り返し述べたように、この実在論的なアビダルマ哲学を中観派の祖竜樹は批判した。彼は自性はもとより存在せず、かの諸要素も少なくともアビダルマ哲学における ような意味では存在しないと主張した。アビダルマ哲学にとって自性と諸要素の区別は問題にならなかった。どちらも実在するものであったからだ。一方、竜樹にとってもその両者の区別はアビダルマ哲学におけるのとは異なる意味において重要ではなかった。というのは、求むべき最高真理を得るためには、両者ともに止滅させられるべきものであったからだ。この立場は釈迦の立場に近いと思われる。

それでは、竜樹は自性もなくそれ以外の諸要素もない、まったき無を究極的真理として主張したのか。そうではない。竜樹は空においてすべての「言葉とその対象」(戯論)は存在しないが、止滅へと導かれたもろもろの存在(縁起せるもの)がよみがえったすがたとして「仮説」を認めるからである。この意味では、竜樹の立場はパターンⅢに近い要素を有している。事実、後で見るように、竜樹の後継者たちのうち、多くはパターンⅢを有することとなった。つまり、俗なるものとしての自性を否定する場面はパターンⅡ、聖なるものとしての空性に至って仮説が成立する場面はパターンⅢの要素を有している。

グプタ期（四～六世紀）を過ぎるとヒンドゥー哲学の諸学派が成立し、論理学、自然哲学などの体系も確立された。人々は古典的、古代的な思惟には満足しなくなっていた。すべてのものを空性へと導こうとした竜樹を祖とする中観派の人々も、恒常的実体としての自性の存在は認めないけれども、眼前に展開される現実世界の有効性までも否認することはもはやできなかった。六世紀の清弁も、七世紀の月称も異なる立場からではあったが、自性以外の諸要素の有効性を弁証しようとした。八世紀のシャーンタラクシタや、その弟子カマラシーラも中観の伝統を受け継いだ者であったが、彼らの思想にはパターンⅢが顕著である。

竜樹がアビダルマ哲学を批判した後、一～二世紀を経ると、パターンⅣが仏教内で徐々に力を得てきた。このパターンでは内円の意味するものである自性は宗教的価値を帯びることがしばしばであった。すなわち、自性は常住なる如来蔵（個々の人間に宿る仏となる可能性）となり、諸要素は客のように偶然そこに居あわせた非本質な心の汚れ（客塵煩悩《きゃくじんぼんのう》）となる。自性は顕現させられるべき「聖なるもの」であり、諸要素は滅せられるべき「俗なるもの」である。

パターンIでは、自性も諸要素も宗教的価値を帯びない。パターンIIとIIIでは求むべき「聖なるもの」は「無」であるが、パターンIVでは「有」である。「聖なるもの」が恒常不変なるものであり、「俗なるもの」が無常なるものであるというのはヒンドゥー教の根幹でもある。仏教内でパターンIVを有する思想の代表は如来蔵思想であるが、この思想は後世、仏教タントリズムと深い関係を結ぶとともに、ヒンドゥー教的要素をも有していた。

以上「自性」（自体、スヴァバーヴァ）という概念を軸にして仏教思想史を概観してきた。「自性」という語は原始仏教において重要な役割を果たしていないが、五構成要素のいずれも我ではないという考え方からもうかがうことができるように、原始仏教の考え方はパターンIIに近いものであったと思われる。

部派仏教の考える自性と「残りのもの」との関係は、パターンIによって示すことができよう。竜樹に代表される初期大乗仏教は、アビダルマ仏教の主張するような自性が存在しないのは無論のことであり、残りのものも「すべては空である」ゆえに存在しないと考える。したがって、初期大乗仏教における自性と「残りのもの」の関係を示すにはパターンIIがふさわしい。

中期および後期の大乗仏教においてはパターンIIIが有力となるのであるが、パターンIVを有する如来蔵思想も徐々にではあるが広まっていった。

2　『般若心経』における「自性」

大乗仏教の誕生と時をほとんど同じくして、原始般若経典類が生まれた。般若経典類はその後の数世紀間、編纂され続けるのであるが、三〇〇〜三五〇年頃に『般若心経』が作られたと推定されている。わずか一、二葉にすぎないこの短い経典が、後世の仏教徒に与えた影響は計りしれない。特に日本においてはもっとも親しまれている経典といえよう。

日本で一般に読まれている『般若心経』は、唐の玄奘三蔵《げんじようさんぞう》が訳したものであるが、そこには「五蘊皆空《ごうんかいくう》」（五蘊は皆空なり）とある。この「皆空」にあたるサンスクリット・テキストは現在残っている写本から推定するに「スヴァバーヴァ・シューニヤ」（svabhāva-śūnya）であり、これは「スヴァバーヴァ」（自性、自体）と「シューニヤ」（空なるもの）との複合語であり、「五蘊」を限定する形容詞である。玄奘は「スヴァバーヴァ」を上記の箇所では「自性」とか「自体」とは訳さず、「皆」の字を当てている。玄奘がこのように訳した意図に関しては後ほど考察することにして、この「スヴァバーヴァ・シューニヤ」という複合語が従来どのように理解されてきたかを見てみよう。「自性」という語には、良い意味（肯定さるべきもの）と悪い意味（否定されるべきもの）があり、どちらの意味にとるかは『般若心経』のみならず、仏教思想の根幹にかかわる重要な問題である。

M・ミュラーは一八八四年に法隆寺に残されていた世界最古の写本（貝葉《ばいよう》）を用いて『般若心経』のサンスクリット・テキストと英訳を南条文雄と共に出版したが、その英訳では上述の部分が「それら（五蘊）の本性からいって空である」と訳している（*Ancient Palm Leaves*, Oxford, 1884, p.48）。「本性からいって」の「本性」（スヴァバーヴァ）はこの場合、良い意味に用いられている。少なくとも否定されるべきものというようないわゆる悪い意味ではない。しかし、『般若心経』におけるかの「スヴァバーヴァ」という語が、M・ミュラーの考えるように良い意味で用いられていたか否かは疑問である。

日本においても、M・ミュラーの理解と似たような理解が見られる。例えば、中村元・紀野一義訳注『般若心経　金剛般若経』(岩波書店、一九六〇年、九頁)には、玄奘訳の「照見五蘊皆空」にあたる部分が次のように訳されている。

かれは、これらの構成要素が、その本性からいうと、実体のないものであると見抜いたのであった。

ここにいう構成要素とは蘊のことであり、「実体のないもの」とは「シューニヤ」(空なるもの)の訳語である。この訳では、かの「スヴァバーヴァ」がM・ミュラーの場合と同様に良い意味を示すものであるが、「本性からいうと空である」というような発想が、そもそも『般若心経』にあったかどうかは疑問である。『渡辺照宏著作集』第六巻(筑摩書房、一九八二年、七頁)所収の『般若心経』訳にも、中村・紀野訳と同様の理解が見られる。すなわち氏は、

「(人間と世界とを)構成する要素は五種(にすぎない)(五蘊)」と。そしてそれらは本来、空虚である、とみた。

と訳されている。金岡秀友『般若心経』(講談社文庫、一九七三年、一六頁)における訳も同様の理解を示している。

「(すべてのものは)五つよりなり」、「五つのものは、本来、無実体である」と見られたのだった。

これらの訳に共通な点はスヴァバーヴァという語を、本性、本来などの意味にとり、その語に否定的意味を与えていないことだ。このように「自性」(スヴァバーヴァ)を肯定的な本性の意味にとり、しかもこのような本性を現象のレベルを越えた、本質、真如に相当する、あるいはそれに近いものとるならば、かの『般若心経』の文句は、「ならば本性以外のレベルにおいては空なるものではない」を含意することになる、と理解される可能性が生ずる。事実、後に見るようにそのような解釈はチベットにおいて見られた。例えば、チベット仏教最大の宗派であるゲルク派の開祖ツォンカパは、「自性空」を「自性として成立することの空」、つまり「自性としては成立していないが、自性ではないものとして成立する」と解釈した。また「本性以外のレベルにおいて」すなわち現象として存在するという解釈は日本にも見られる(森本和夫『道元とサルトル』講談社、一九七四年、八七頁)。

スヴァバーヴァ・シューニヤは、はたして「本体からいって空である」ということであろうか。実はこの表現は「実体を欠いている」と読むことが可能であり、むしろその方が正統的な読み方であったと思われる。シューニヤの本来の語義は、からっぽとか数字のゼロであって、要するに、無、欠如である。すでに見たように、X-シューニヤとは「xのない〔もの〕(xを欠いたもの)」を意味することが多い。この複合語を分解するならば、Xの具格+シューニヤとなる。

どの時代からスヴァバーヴァに良い(肯定的)意味が与えられるようになったのかはよくわからないが、初期般若経、初期中観哲学にあっては、スヴァバーヴァはおおむね悪い(否定的)意味で用いられている。例えば、初期般若経を代表する『八千頌般若経』には次のような一節が見られる。

物質的存在は物質的存在としての本体を捨て(以下略)(梶山雄一訳『八千頌般若経』第一巻、中央公論社、一九七四年、一七頁、ed. by P. L. Vaidya, *Aṣṭhasāhasrikā Prajñāpāramitā*, Darbhanga, 1960, p.6)。

ここではスヴァバーヴァ（本体）は具格をとり、「～を捨て」（～を欠いた）を意味する「ヴィラヒタ」というサンスクリットと共に用いられている。このヴィラヒタという語の用法と、「～を欠いた」という意味における「シューニヤ」という語の用法は似ている。『八千頌般若経』において、「本性からいって」という意味ではほとんどの場合プラクリティの語の具格（プラクリトゥヤー）が用いられる（例えば、前掲書第二巻、一九七五年、六九頁）。『八千頌般若経』においてはスヴァバーヴァが肯定的、積極的意味を有していることはないと思われる。『中論』には「スヴァバーヴァ」という語は五〇回現れるが、一、二箇所を除いて良い意味には用いられていない。また「スヴァバーヴァ・シューニヤ」という複合語は一度も現れない。

「シューニヤ」という語の上述のような用法を考慮に入れるならば、『般若心経』のスヴァバーヴァ・シューニヤも「実体（自性）を欠いている」を意味すると考えることができる。とするならば、この場合スヴァバーヴァは、その存在が否定されるべきものであるという限りにおいて、悪い意味で用いられているといえよう。竜樹の流れをくむ中観哲学の歴史において、「否定されるべき自性のないこと」という意味での空の理解は一般的であった。

E・コンゼは「スヴァバーヴァ」を本性（own-being）と訳すが、それにいわゆる良い意味を与えているわけではない。彼は『般若心経』の例のくだりを次のように訳している（E. Conze, *Buddhist Wisdom Books*, New York, 1958, p.78）。

そして、彼（観自在菩薩）が、それら（五つの構成要素）がそれらの本体においてからっぽであることを見抜いた。

そして、彼は「本体においてからっぽである」ということが、要するに「本体（スヴァバーヴァ）の欠如」のことであると明言している。「本体において」とは、この場合、本体という点ではという意味であり、X‐シューニヤという複合語の理解として正しいと思われる。この訳の仕方のポイントは、「本体という観点から見て何かが空である」ということではなく、「本体がないもの」ととっていることである。実は渡辺照宏の『般若心経』訳に対する解題の中では、「現象界はそれ自体としては実体のないもの（空）であり」（前掲書、三項）と述べられており、コンゼと同様の理解が示されている。この理解においては、現象それ自体が実体のないものであると理解されており、結局は「自体を欠くもの」と理解することになるからである。氏が『般若心経』の訳の中で「本来、空虚である」と訳されたときには、「本来」という表現の中には「それ自体として」というような意味をこめられていたと思われる。

後世になると、無自性論者とも呼ばれる中観派において、スヴァバーヴァ（自性）という語が良い意味にも用いられるようになった。七世紀の月称は『中論』に対する注である『明らかな言葉』（第一五章一一偈）の中で、「法性」（ダルマター）、「本性」（プラクリティ）、「空性」（スヴァバーヴァ）、および「自性のないこと（無自性性）」（ナイヒスヴァーバーヴヤ）を同義とする。

『般若心経』の「五蘊皆空」や「色即是空」という表現にしても、言葉を失うほどの強烈な直観を体験した者が、その体験をできるかぎり正確に伝えようとした苦心の結果にちがいない。だが、それだからといって「色即是空」という表現が、われわれの日常で追うことのできないような超絶的な言葉であるとは限らない。

『金剛般若経』に三〇回近く現れる、「Aは非Aである。ゆえに『A』といわれる」という表現形式にしても同様に考えることができよう。この表現形式の理論形態に関してはすでに他のところで述べており（拙著『中論の思想』法蔵館、一九九四年、二一～二五頁）、ここでは考察しないでおきたい。ここでは「Aは非Aである」という場合の「A」および「非A」の意味、さらには「ゆえに『A』といわれる」の「A」の意味が、それぞれ異なる論理システムあるいは時間の中にあるということを理解するならば、かの表現は論理学の分野において逆説として取り組まなくてはならぬ問題ではなく、一種の修辞法として理解できるであろうということを繰り返し指摘するにとどめたい。

先ほどの「自性と無自性性は同義である」といういわゆる「逆説」のカラクリは、その表現形式そのもののレベルにおいては簡単である。すなわち「自性」は良い意味において用いられており、「無自性性」の「自性」は悪い意味で用いられている。否定されるべき実体がないこと（無自性性）という本来のあり方（自性）というので は、逆説的に響くというおもしろみもなく、「逆転」と呼ぶほどでもない。しかしながら、このように一見逆説ともとれる文句の表現上のカラクリを明らかにしたところで、「色即是空」の思想、あるいは「Aは非Aである。ゆえに『A』といわれる」の意味が明らかになったことにはならない。

般若思想および中観哲学の中で「色即是空、空即是色」の理解は決して一様なものではなかった。色と空との位置関係、両者間の距離の理解は時代や学派によって異なっている。「五蘊皆空」や「色即是空」は般若経群のスローガンである。もろもろのものであれ、色であれ、それは空（空性）とは相反するものであり、両者の間には限りなく大きな距離がある、と考えられている。もろもろのもの（あるいは色）は迷いの世界に属し、空は悟りに他ならないからである。一般に色と空との間には、長く厳しい修行によって埋められるべき距離がある、と考えられている。「般若経」は、しかし、その遠く離れた二つのものが等しいという。かの距離を劇的に縮めてしまったことになる。

その後の般若思想や中観思想の歴史においては、この劇的な一体化に対する反動が起きた。もろもろのものは空である、という主張は、「宗教における二つの極」(色と空、「聖なるもの」と「俗なるもの」)を無媒介に結びつけるものであった。大乗仏教の初期においては、この『般若心経』の新鮮で断定的な命題がそのままに受け入れられたのであろう。しかし、時代とともに色と空との間の階梯《かいてい》を弁証しなくてはならなくなった。中観思想史は、色と空の間の階梯の弁証の歴史であるといっても過言ではない。すでに述べたように、この階梯の弁証の歴史の中で、「自性」(スヴァバーヴァ)という概念は重要な役割を果たしてきた。

宗教実践のどの場面において、どのような意味の「自性」という語が用いられるかによって、「自性」という語の果たす役割は違ってくる。たしかに月称は「自性」(スヴァバーヴァ)という語を『中論』注である『明らかな言葉』や中観哲学の総論である『入中論』において、良い意味でしばしば用いている。しかし、「五蘊は自性という点では空である（自性を欠いている）」というような表現における「自性」の場合には、決して良い意味で用いていない。月称は、実体としての自性を欠くこと（無自性）という意味でのものの在り方（自性）を主張したが、さらに後世のチベットでは、「勝義（空性）は本来、実体を欠いていない（実体という側面は不空である）」という理解も現れた。「実体を欠いていない」とは、実体として成立していることを意味する。このような理解は、如来蔵思想あるいは「他空説」と呼ばれる学説に現れるのであるが、この場合にはまさに逆転が起きている。つまり、真如としての空性は実在であり、空なるものは空性以外のもの、すなわち、色とか煩悩とかの「俗なるもの」としての現象である。他空説の特徴は次のように説明できる。すなわち、「五蘊の自性は実在しない（空である）が、勝義としての空性そのものは実在する」。このような空の理解はチベットにおいてある時期にはかなりの勢力を有していた。「五蘊は自性が空（空性）である」と読むべきだと判明しても、これで「皆空」の理解が一様になるというわけではない。「五蘊は自性が空（空性）である」と読む場合は、現象としての五蘊とは一応別のものと考えられる勝義の空性そのものは実在する、と理解することも可能である。このような考え方は先ほどの他空説の考え方として考察した通りである。

「五蘊は自性（自体）が空である」という般若思想及び中観哲学の基本的な考え方は、「自性」の意味をどのように考えるかという点と、空（空性）の実体視がどの程度にまで行われているかという点の二つの側面から考える必要がある。第一の点は、「五蘊の自性」という場合、この「自性」が世俗（言説）として現れた色や形（現象）及び言説とは独立して存在すると考えられる自性も含めて指し示していると考えるのか、後者の自性のみを指し示すのかという問題である。第二の点は、五蘊などの現れたもの以外に空性を考えないのか、あるいはそれらの現象とは別の次元に実在としての空性を考えるのかという問題である。第二の点はさらに、現象としての現れ、つまり、世界をどの程度に「聖化」するのかという問題とも関わっている。五蘊などの世界は一度否定を受けた後、新しくよみがえる。これを「仮説」と呼んでいる。この仮説された世界に対して「聖なるもの」としての価値を付すならば、五蘊など、かつては否定さるべき存在（俗なるもの）であったものが「聖化」され、それが「空性そのものである」と解釈される。「空即是色」という表現がこのように解釈されうることはすでに述べた。このように考えるならば、「五蘊は、自性が空である」という表現の意味は、インドでは次の三通りに解釈されてきた、といえよう。

〈解釈1〉五蘊はそれ自体が空である（自体を欠いている）。

この解釈では五蘊という現象以外に「自性」と呼ばれるものは存在しない。五蘊の自性と現象の区別はなされておらず、「五蘊がそっくり存しない」と解釈されている。空（空性）は実体視されていないし、世界の聖化もそれほど行われていない。この解釈では「五蘊以外のものは空ではない」というような含みはない。これは「般若経」の空思想の歴史の中で最も基本的なものであった。『八千頌般若経』において見られる立場であり、竜樹の『中論』における縁起＝空理解の基本的側面（戯論を滅する過程）にもこの理解が見られる。この解釈は本章の初めに述べた四つのパターンのうち、パターンIIを有するといえよう。

玄奘が「五蘊皆空」と訳したときは「五蘊それぞれすべてが空である」という意味を考えていたのであろう。スヴァバーヴァを「自体」と訳したときにはかえって誤解を招くと考えたのであろう。実際、この解釈ではスヴァバーヴァにはそれほど特別な意味はないのである。「色即是空」といって「自性」という語を含まない表現が一般に用いられていることも、このためと考えられる。

〈解釈2〉五蘊は、自性（実体）が空であるが、五蘊の現象（言説）は存在する。

インドおよびチベットにおいては五蘊に関しては、五蘊が実体としての自性を有する場合と、実体としてではないが現象つまり言語活動によって仮にその存在が説かれている場面との二つがあると考えられる。中観派論者は前者の場合を認めず、後者を認めるのであるが、この解釈2のポイントは、日常の言語活動および言語の対象としての現象世界の成立にある。もちろん、それらは実体をともなって成立するのではない。しかし、この解釈2の立場に立つ人々にとっては世界構造の記述は重大な関心事であった。清弁（六世紀）、月称（七世紀）、シャーンタラクシタ（八世紀）といった中観派の思想家たちもまた、それぞれの方法によって現象世界が成立していることおよびその構造の説明をしたのである。この考え方は、かの四つのパターンのうち、パターンIIIを有するということができる。

〈解釈3〉現象としての五蘊は自体が空であるが、本質としての空性は実在する。

この解釈においては、否定さるべきものは現象としての五蘊である。真如（本質）

としての空性そのものは否定の対象とはなり得ず、実在であり、生、住、滅を離れている。実在が生、住、滅を離れているという考え方は、宗教思想においては一般である。ヒンドゥー哲学にもこのような考え方は見られるが、仏教においては如来蔵思想や一部のタントラ経典に見られる。このような考え方は、先述のパターンⅣを有するといえよう。

すでに見たように、空の概念は「yはxを欠いている」という意味が基本的であるが、「yはxを欠いている」という命題にどのような含みを持たせるかによって、空の思想の構造が変わってくる。「xを欠いている」が「非xは欠いていない」を含意する場合には、解釈2となる。「自性を欠いている」が「非自性つまり現象は欠いていない」という意味になるからである。「yはxを欠いている」が「非yはxを欠いていない」を含意する場合には、解釈3となる。この場合の「非y」とは「五蘊（構成要素）以外のものである如来蔵」を意味する。インド仏教における空思想の歴史においては、初期には解釈1が有力であったが、時代を下るにつれて解釈2が有力になってきた。

第8章　空と論理

1　ディグナーガの論証式

第3章で述べたように、六世紀前半にディグナーガにより形式論理学の体系が確立されると、それを用いて『中論』のテーゼを証明しようとする中観派の思想家が現れた。六世紀中葉に活躍した清弁《しょうべん》である。ディグナーガが提唱した論証式（あるいは推論式）の特質は、あるものの存在を他のものを目印として証明することであった。論証式の例としては次のものがよく引用される。

〈主張〉　あの山に火がある。
〈理由〉　煙があるから。
〈肯定的必然関係と同類例〉煙のあるところには火がある。

台所におけるように。

〈否定的必然関係と異類例〉火のないところには煙はない。

湖水の表面におけるように。

この論証式は、目前の山から昇っている煙を目印（リンガ）として、その山に火のあることを証明しようとしている。ディグナーガの論理学をはじめとしてインドの論理学では、一般にあるところ（場、パクシャ）に存在するものを目印として、その同じ場における他のものの存在を証明するのである。場におけるあるものの存在が目印によって証明されるとき、その「あるもの」は「証明されるもの」（sādhyadharma）と呼ばれる。また目印は推論の原因となるために、「因」（hetu 原因）とも呼ばれてきた。ちなみに「因明《いんみょう》」という語は「推論の原因に関する学問（明）」すなわち論理学を意味する。

肯定的必然関係とは、「目印があるところには必ず証明されるものがある」という関係である。目印の存する領域は、証明されるものの存する領域によって完全に覆われている。注意すべきことは、ここでは一つの目印の占める領域や一つの証明されるものが占める領域ではなくて、目印や証明されるものの存する領域が問題となってい

図12　目印の存する領域と証明されるものの存する領域の関係

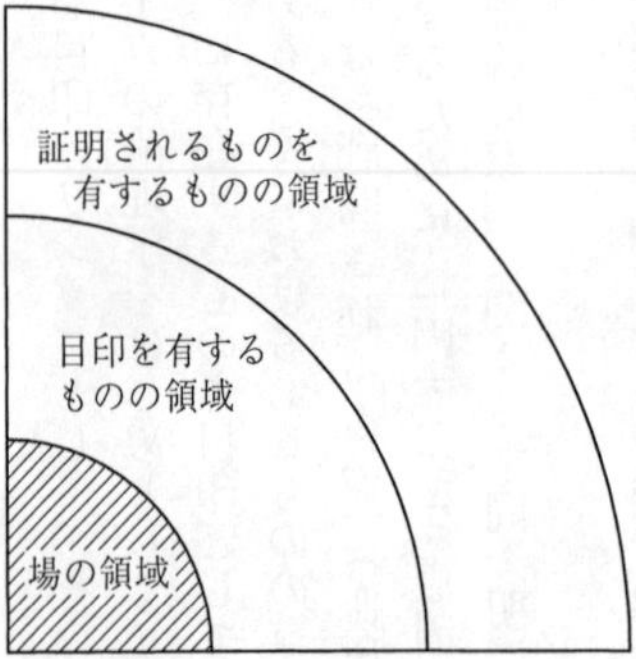

図13　場の領域、目印の存する領域と証明されるものの存する領域の関係

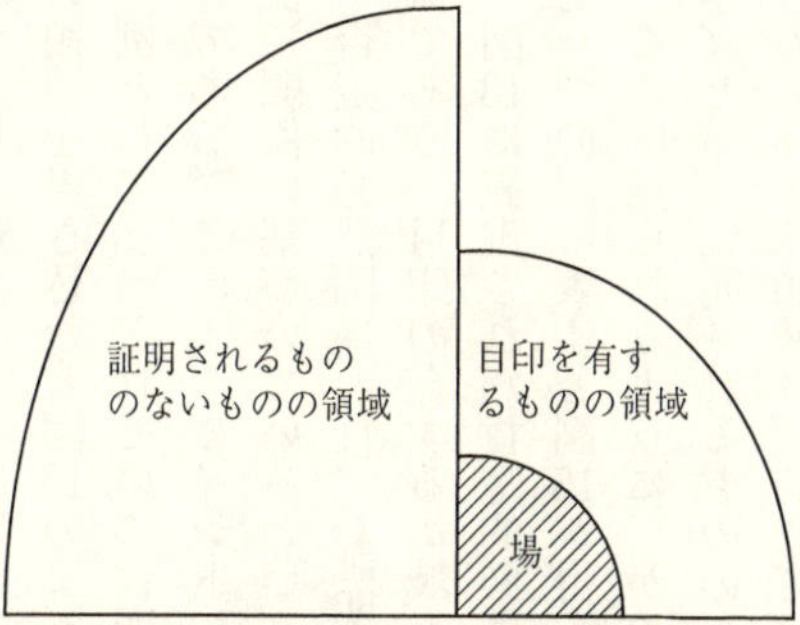

図14　目印の存する領域と証明されるものの存しない領域との関係

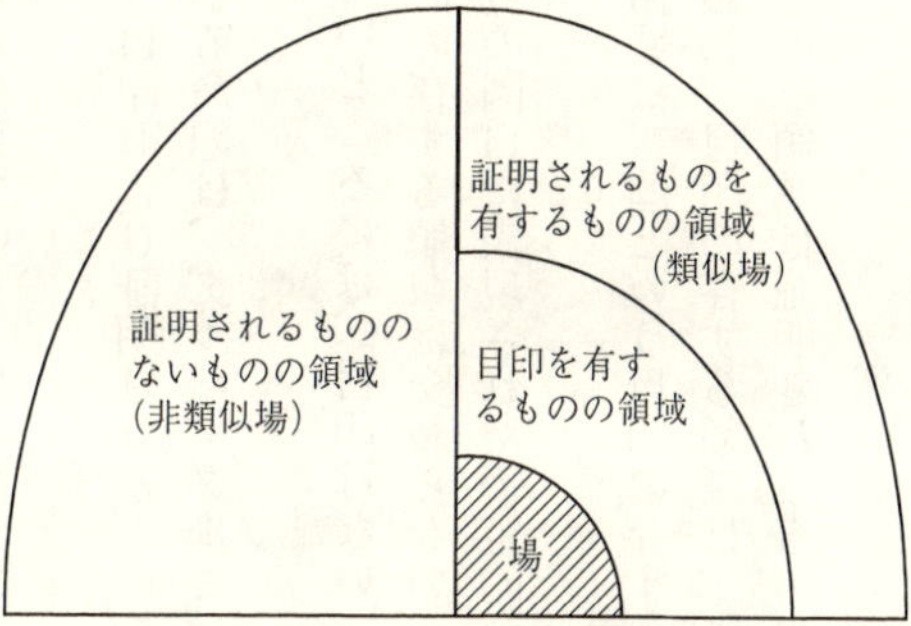

図15　ディグナーガ論証式の構造

ることである。この二つの領域の関係は一六二頁の図12のように表すことができる。場つまり「かの山」には目印も証明されるものも存している。したがって、図12に場の領域を書き込むと図13のようになる。

例として述べられている台所は、山と同様、目印および証明されるものを有する基体である。このようにインドの論証式に登場する命題は、ダルマ－ダルミン（法－有法）関係に基づいているということができる。

否定的必然関係とは、「証明されるものがないところには、目印はない」という関係である。目印の存する領域と証明されるものの存する領域は交わらない（図14）。図13に表現された肯定的必然関係と一六三頁の図14に表現された否定的必然関係とを一つの図に表すと図15が得られる。

ここに見られるように、かの山という場の領域は、煙という目印の存する領域および火という証明されるものの存する領域に覆われ、目印の存する領域は、証明されるものの存する領域に覆われている。一方、上記の三領域は証明されるものの存しない領域とは交わらない。

「あの山に火がある」云々という論式は、西洋の定言的三段論法に置き換えるならば次のようになる。

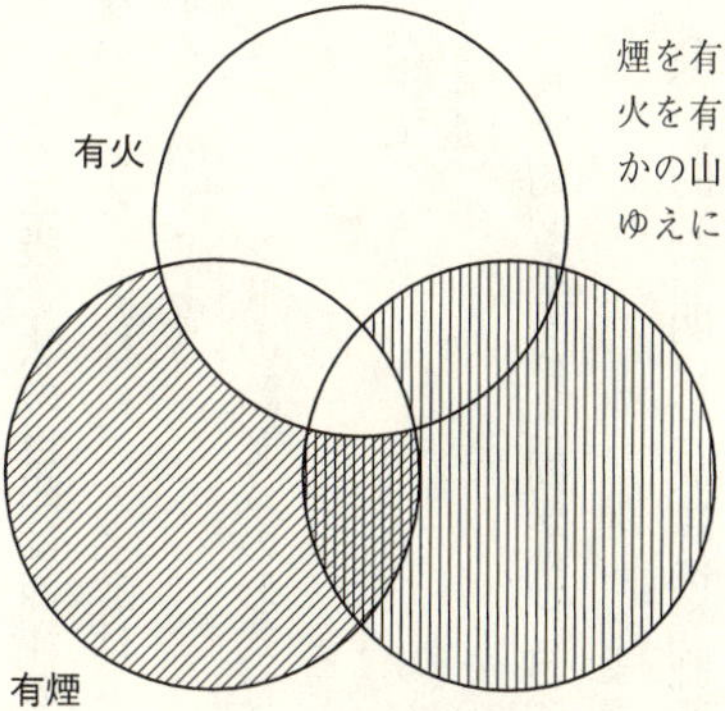

図16　ヴェンの図表による論式の図示
(斜線および縦線の領域は存在しないことを意味する)

〈前提一〉煙を有するものは火を有するものである。
〈前提二〉かの山は煙を有するものである。
〈結論〉ゆえに、かの山は火を有するものである。

結論の述語(火を有するもの)を三段論法の大名辞といい、結論の主語(かの山)を小名辞という。二つの前提には現れるが結論にはない残りの名辞(煙を有するもの)を中名辞という。これらの三つの名辞が指し示す領域の関係をヴェンの図表で描くと上のようになる(図16)。

図15と図16とは結局は同一の内容を表していることは明白であるが、西洋の定言的

三段論法の術語とインドの三段論法のそれとの違いについてここで触れておきたい。インドの三段論法の目印は西洋の中名辞と同じではない。目印を有するものが中名辞なのである。同様に、大名辞は「証明されるもの」ではなくて「証明されるものを有するもの」である。

さて、インドの論証式の形式は以下のように表すことができる。

〈主張〉　場には証明されるものがある。
〈原因〉　その場に目印があるから。
〈肯定的必然関係と同類例〉目印があるところに証明されるものがある。同類例のように。
〈否定的必然関係と異類例〉証明されるものがないところに目印はない。異類例のように。

ディグナーガは、ある論式において目印が正しいものであるための三条件をそれまでの伝統に従って次のように定めた。

(一)　目印は、場に存しなければならない。
(二)　目印は、証明されるものが存するという意味で場と類似しているが、場以外のもの（類似場）のすべてあるいは幾つかに存しなければならない。
(三)　目印は、証明されるものが存しないという意味で場とは類似していないもの（非類似場）に存してはならない。

例えば、先の論式において目印である煙は、今問題となっている山に存する煙であり、第一条件を満たしている。今問題となっていない他の山からたち昇っている煙を目印としても、今問題にしている山に火のあることを証明することはできない。目印である煙は、類似場の一つである台所に存しているゆえに第二条件を満たしている。類似場とは、先述の「肯定的必然関係と同類例」を述べた際の同類例のことである。

次に煙という目印あるいは因は、非類似場には存しないゆえに、第三条件を満たしている。非類似場とは「否定的必然関係と異類例」を述べた際の異類例に等しい。

2　清弁による論証

以上、ディグナーガの論証式の仕組みを概観したが、先に清弁がその論証式を用いて『中論』における竜樹の主張を証明しようとしたと述べた、その方法を見よう。竜樹は『中論』第二章八偈において次のように述べている。

まず行く者（去者）は行かない（去らない）。（第一句）
行かない者（非去者）も行かない。（第二句）
行く者と行かない者より他の（第三句）
どのような第三者が行こうか。（第四句）

第八偈の「行く」には第二章一偈の「歩く」と同じサンスクリットの動詞「ガム」（gam）が用いられているが、第一偈の場合と異なり、第八偈では自動詞に用いられているので「行く」と訳した。この第八偈で竜樹は「ある者が行くことが現にある」という反対論者の考え方を批判している。竜樹は「ある者」つまり動作の主体をまず行く者（去者）と行かない者（非去者）に二分する。

このような配分は、もしもある者に行くことがあるならば、そのある者は行く者か行く者ではない者（行かない者）のいずれかであろうが、そのいずれでもないと主張するための準備である。

このような意図のもとに竜樹は第一句に「行く者は行かない」と述べ、第二句には「行かない者も行かない」と述べている。この二つの命題を合わせて、竜樹は「いかなる者も行かない」と結論づけようとしているのである。この場合、動作の主体が論議領域のすべてであり、その領域が行く者の領域と行かない者のそれとに二分されているのであるから、「行かない者」は動作をする可能性のない虚空などを指すことはない。清弁は第一句と第二句をそれぞれ第一段（主張）とする三段論法を述べているが、第三、第四句に関しては、論証式を提示するまでもないという理由によってであろうが、特別に論証式を提示していない。

さて、清弁は第二章第一句を第一段とする次のような論証式を述べている。

〈主張〉最高真理においては行く者は行かない。
〈理由〉行く者は動作と結びつくから。

〈喩例〉止まる者のように。　　　　　　　　――論証式A

この論式の第一命題（主張）に見られるように、清弁の提示する論式には「最高真理においては」という限定句が付けられることが多い。中観派のみならず仏教の諸学派において、最高真理と世間的真理という二つのレベルが考えられている。竜樹は『中論』第二四章八偈に次のようにいう。

二種の真理によって諸仏の法の教えがある。
世間的真理と最高の立場からの真理（最高真理）である。

竜樹によれば、世間的真理とは言葉になった教えのことであり、最高真理とは言葉を越えたものであった。しかし、後世、この二種の真理は竜樹とは異なった仕方で理解された。例えば清弁にあっては世間的真理とは仏の教えのみではなく、一般の人々の日常言語活動をも含むのである。一方、最高真理は清弁にあってもむろんのこと言葉を越えているものであった。だが、清弁は言葉によって空性を的確に指し示すことができると考えた。

さて、論証式Aの第一段「主張」には「最高真理においては」という限定句が付けられているが、竜樹の『中論』にはこのような限定句は付けられていなかった。清弁がこの限定句を付けたということは、世間的真理つまり一般の日常言語活動にあっては行く者が行くことを清弁も認めることを含意している。「行く者が行かない」とは、最高真理においてのみいいうることだと清弁は主張するのである。

最高真理は言葉を越えたものではなかったか。「最高真理においては」云々という論証式を立てること自体可能なことなのだろうか、というような疑問が生まれることであろう。ともあれ、清弁は「最高真理においては」云々という論証式を立てている。ここに清弁の立場が見られる。つまり、言葉は最高真理つまり空性を指し示すことができるので論証式を立てることが可能だと彼は考えたのである。

論証式Aの目印はかの三条件を満たしているのだろうか。この論式の場、目印等は次の通りである。

場＝行く者

目印＝動作との結びつき

証明されるもの＝行かないこと
類似場（同類例）＝行くことのないもの
非類似場（異類例）＝行くことを有するもの

この論式において、目印である動作との結合は行く者に存するゆえに、目印の第一条件は満たされている。ところで、第一条件が満たされると考える限りでは、清弁は世間的真理の次元において語っていることは注目すべきである。もっとも何人も世間的真理の次元以外では推論を行うことはできないのであるが。

また目印は、類似場である「行くことのないもの」の一例である止まる者に存するので第二条件を満たしている。ここで止まる者とは、行く者ではないが、止まるという動作を有すると考えられている。次にここでの非類似場とは、行くことのある者、つまり行く者であり、かつ場である行く者以外のものである。しかし、そのようなものは存在しない。ディグナーガの体系にあっては、非類似場が存在しないときには、そこに目印はありえようがないゆえに、第三条件は満たされているとして処理される。したがって、論証式Aにおいても第三条件は満たされている。このようにして清弁はこの論式は正しいと主張する。

もっともこの論証式が正しいとディグナーガの体系において考えられるためには、二つのカラクリがあった。一つは止まる者が止まるという運動と結びついていると清弁が考えたこと、もう一つは、ディグナーガの体系にあっては、場は類似場にも非類似場にも含まれないことである。この二点によって「行く者は行かない」という命題を主張とする論証式が正しいと考えられるのである。

われわれは『中論』第二章八偈第一句について清弁が提示した論証式Aを考察したのであるが、第二章八偈第二句について清弁により提示された論証式Bは以下の通りである。

〈主張〉最高真理においては〔ある一人の〕行かない者に行くことはない。
〈理由〉行くことと離れているから。
〈喩例〉それ〔場としての行かない者〕とは別の者〔第二の行かない者〕のように。

――論証式B

この論式において、場はある一人の行かない者（非去者）である。ここでは「行かない者」は集合的な意味ではなく、数えることのできる個々のメンバーの意味で考えられている。目印は行くことと離れていることであり、証明されるものは行かないことである。

類似場は、証明されるものを有するもの、すなわち、行かない者であり、かつ場以外のものである。ここの場は去らない者である。すると、類似場は存在しないことになる。だが、清弁は場としてすべての去らない者を考えているのではなくて、一人の去らない者を考えている。したがって、類似場は場としての第一の去らない者以外の者、すなわち第二、第三等の去らない者である。このように類似場を考えるならば、目印である行くことと離れていることは類似場に存する。ゆえに正しい目印の第二条件は満たされている、と清弁は考える。

非類似場は、行かないことのない者つまり行く者である。行く者には、目印である行くことと離れていることは存しない。ゆえに、第三条件は満たされている。このようにして論証式Bは成立すると清弁は考えているのである。目印の第二条件の考察の際に、去らない者のクラスのすべてのメンバーを場とするのではなくて、第二、第三の去らない者を類似場と考えることによっていくつかの類似場を存在させたことは論証のために不可欠なことであった。非類似場は存在しなくても論証式は成立するのであるが、類似場はなくてはならない。もっともこのような操作は論理学的には正確さ

場は類似場から除外される。ゆえに、行く者は類似場の中には含まれない

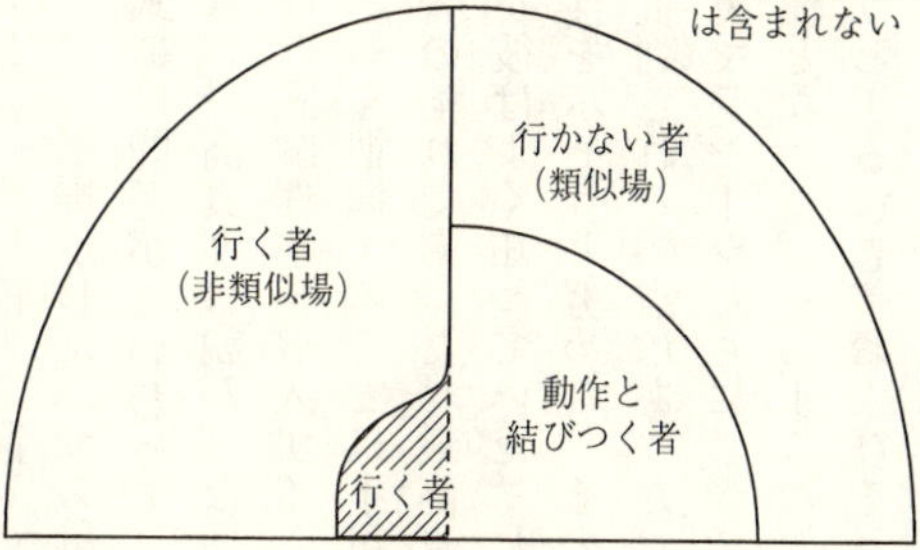

図17　論証式Aの内容

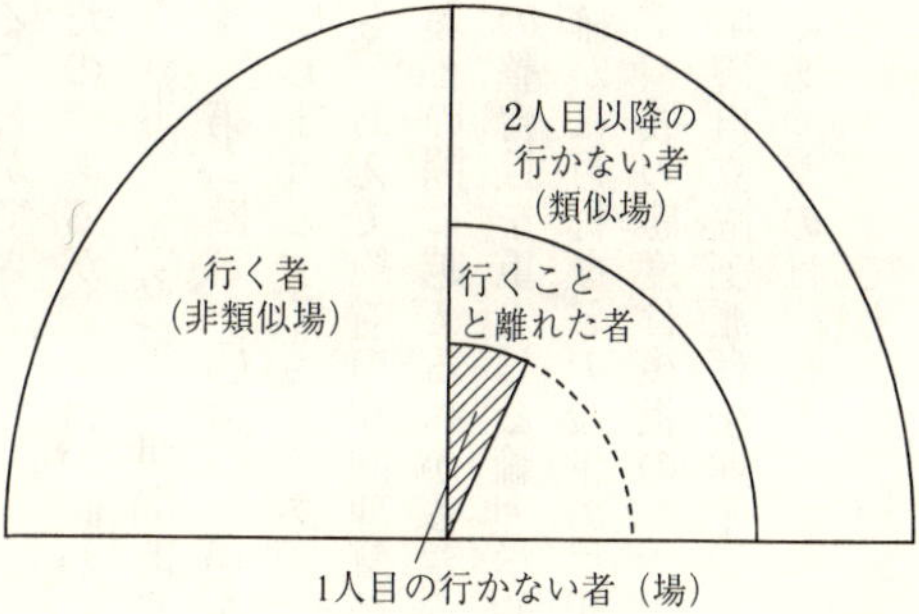

図18　論証式Bの内容

を欠くといわねばならない。

論証式Bの内容は前頁の図18のように図示することができる。

以上、清弁が提示した二つの論証式を見てきたのであるが、今日の眼から見れば彼の論証式には問題がないわけではない。しかし、清弁の試みは、「世間的真理に依らなければ、最高真理は説かれない」という『中論』第二四章一〇偈の立場を、ディグナーガの形式論理学を導入することによって説明しようとするものであった。その試みは、絶対を把握することは不可能と知りつつも、あえて絶対の知的理解に立ち向かう哲学者のそれであった。最高真理と世間的真理との間に越えるべからざる違いがあることを彼はよく知っていた。しかし、彼は知の整合性を重んじる論理学的思考によって空性を示そうと努めた。その試みの中には確かに月称などの後世の思想家たちによって批判される弱点はあった。にもかかわらず、彼の態度は後世のシャーンタラクシタやカマラシーラたちによって受け継がれ、中観自立論証派は後期インド仏教において主流となった。そのような流れの根底に常にあったのは、言葉によって空性を説明しようとする意志、およびそれを説明できるという信念であったと思われる。

第9章　後期インド仏教と空

1　シャーンタラクシタとカマラシーラ

中期中観派（五〜七世紀）は帰謬論証派と自立論証派との論争によって特色づけられたが、後期中観派では自立論証派の方が優勢であった。八世紀以降、自立論証派は唯識派と総合され、瑜伽行《ゆがぎょう》中観派（ヨーガーチャーラ・マードゥヤミカ）が成立したが、この総合学派は有相《うそう》唯識派と無相《むそう》唯識派に分かれた。前者は、認識は対象の形相（イメージ）を有していると考え、後者は認識自体はその対象の形相を有していないと考えた。

中観派と唯識派（瑜伽行派）を総合した人物がシャーンタラクシタであることはすでに述べた。七七一年、二度目にチベットに入ったとき、彼はチベットの土着的でシャマニズムの要素の強いポン教との論争に勝った。七七三年にインドから招いた密教行者パドマサンバヴァと共に彼はサムエ僧院を建立し、その後まもなく他界する。

シャーンタラクシタは臨終に際して、もしもチベット仏教が危機に瀕《ひん》したならば、インドにいる自分の弟子カマラシーラを招くようにとチベット人の弟子にいい残した。明らかにシャーンタラクシタは、チベットに導入されたばかりのインド大乗仏教が、チベットにおいて台頭の兆しを見せていた中国大乗仏教と近い将来において対決せざるを得ないことを見通していたのである。チベットに招かれたカマラシーラは、中国仏教を奉ずる大乗和尚（摩訶衍《まかえん》）と対決して彼を論破し、このことによって認識論、論理学を重んじるインド大乗仏教の伝統が、チベット王室に正式に導入されることになったのである。シャーンタラクシタやカマラシーラは、チベットへ場をうつしたインド大乗仏教を体現する仏教者であった。

シャーンタラクシタの主要著作は『真理綱要』と『中観荘厳論《ちゅうがんしょうごんろん》』である。前者は仏教の諸学派やヒンドゥー教の諸学派の立場を批判する一方で、哲学的諸問題について自分の意見を述べている。例えば、第一章はサーンキャ学派の立場を批判し、第二章は神が世界の源泉であるという説を批判している。第一七章は直接知覚を、第一八章は推論を扱っている。この著作は、しかしながら、中観派の思想を体系的に述べてはいない。

2　シャーンタラクシタの『中観荘厳論』

シャーンタラクシタの中観思想を体系的に述べているのは後者の『中観荘厳論』である。この書の第一偈において著者は、「いかなるものも単一の自性を有せず多くの自性も有しない」と述べて自らが中観論者であることを表明している。この著作は九七偈とこれらの偈に対して自ら著した注釈から成り立っているが、これを次の三つの部分に分けることができる。

（一）理論によって第一偈の論証式を証明する部分（第一～六二偈）
（二）経典に述べられた説によって著者の説が正しいことを証明する部分（第六三～九〇偈）
（三）結論（第九一～九七偈）

シャーンタラクシタに影響を与えた清弁が著した他学派批判書である『中観心論』では、それぞれの学派の説にランキングを付けることはしていないが、シャーンタラクシタのこの書の中では、中観派が最高位に位置づけられており、部派仏教を代表する説一切有部《せついっさいうぶ》（有部）、同じく部派仏教の一派である経量部《きょうりょうぶ》、さらに唯識派は中観派に至るステップにすぎないと考えられている。

著者が非仏教の諸学説を仏教のそれよりも低い位置にあると考えたことはいうまでもない。彼によれば、有部と経量部が認識と外的対象の実在性を認め、唯識派は認識のみが存在すると考えている。しかし、中観派は外的対象の存在はむろんのこと認識の存在さえ認めない。

『中観荘厳論』の第一偈は次のとおりである。

〈主張〉自派と他派が述べるこれらのものは、最高真理においては、自性を欠く。
〈理由〉単一な自性（自体）も多様な自性（自体）もないから。
〈喩例〉影像のように。

以下の論議が三つに分かれるうち、第一偈の推論式に関する論議が大きな部分を占めているが、この部分において有部、経量部、唯識派の説が論破される。

シャーンタラクシタはこの第一偈に対してまず次のように注釈している。

もし自性（自体）があるならば、それは単一のものか多様（非一）なもの以外にはない。両者は補集合的であるから、第三のもの〔すなわち、単一のものでもなく多様のものでもないもの〕はあり得ない。自らの派や他の学派が述べる構成要素（蘊）や根本原因などは、最高真理としては存在せず、自性を欠く〔すなわち無自性である〕とはっきりわかるのである。

ここでシャーンタラクシタは論議領域におけるすべてのものを、単一のものと多様のものというように補集合関係にある二つの領域へと分割している。このような補集合的分割は、まさしく竜樹が『中論』においていかなるものにも自性が存在しないと論証する際の方法であった。ここでいう自性（自体）とは、第2章で述べた例でいうならば、とっくりの中の酒ではなくて、あるかなきかわからぬほど薄い膜の袋に入った水である。したがって、ここで「ものの自性（自体）」とは「ものそれ自身」あるいは単に「もの」というに等しいのである。

いかなるものの自体、つまりいかなるものも、単一のものか多様なものかのいずれかである。「単一のもの」とは部分を有しないものという意味であり、「多様なもの」

とはさらに小さな部分に分割できるもののことである。単一であり同時に多様であるものは存在しない。もしもあるもの（x）が存在するならば、xは単一か多様かのいずれかであるが、xが単一でもなく多様でもないならば、xはこの世界には存在しないと論理的にいうことができる。このようにシャーンタラクシタは、「ものの自体つまりもののそれ自身が単一でもなく多様でもない」という論法に基づきながら、「この世界にはいかなるものも存在しない」という結論に達する。この結論こそ中観派の主張する最高真理である。

原子は一般にもっとも小さな単位のものであり、それ以上は部分へと分割できない単一のものと考えられていたが、シャーンタラクシタは原子の自体（つまり、原子）は単一のものではないという。というのは、一つの原子が他の原子と結合して複合体を作る際に、それらの他の原子と接触するいくつかの面を必要とする（第一一～一三偈）。しかし、いくつかの面を有していることは単一のものではないことを意味する。「原子は多様なものである」という反論者の主張に対してシャーンタラクシタは、先述の「原子がいくつかの面を有すること」には触れずに、「原子はそれ以上小さくできないものであり、部分は含まない」という一般的な考え方によって原子の多様性を否定する。このような論法は今日のわれわれの目から見れば正しくないと思われる点もないではない。

このようにして原子つまり物質は存在しないと述べてから、『中観荘厳論』の著者は認識も存在しないものであると述べる。認識の問題を扱う第一六〜六〇偈は、有相唯識と無相唯識の学説を批判している。シャーンタラクシタはこれらの唯識派の分派の説を批判する一方で、唯識派の説を中観派のそれと同様に重要なものと考えていた。第九三偈では唯識派と中観学派は馬車の二本の手綱に例えられている。

有相唯識派によれば、認識の対象は捉えられるものであり、認識は対象を捉えるものである。対象を認識する際には、捉えられるもの、捉えるもの、および認識との三要素が必要であるが、この三要素それぞれは異なった存在であると考えられた。有相唯識派によれば、認識の対象はそれ自身の形相を認識の中に与えることができるのであり、認識はそれ自身の中にその対象の形相を有する。

シャーンタラクシタは、しかしながら、それ自体は分割不可能である認識が、かの三要素を有するとは認めない。有相唯識の学説を批判するために彼は、『中観荘厳論』第二二偈において次のような推論式を示している。

〈主張〉〔対象が認識に与えた〕形相は多様ではあり得ない。

〈理由〉〔対象の〕形相は単一なものである認識と異ならないゆえに。
〈喩例〉認識の本質のように。

この論式の理由命題は、対象の形相が対象の認識と異ならないと述べているのであるが、これは、「対象が認識に与えた形相は認識と同一である」を意味しない。すなわち、理由命題に見られる「ない」という否定辞は、「形相は認識とは異なる」という命題を否定しているのみであって、「形相は認識と同一である」を含意するわけではないのである。「この世界に、少なくとも一つの形相が存在する」という前提があり、かつ、形相は認識とは異なっているならば、形相は認識と同一であるという結論が得られよう。しかし、第二二偈の推論式においてはそのような前提は与えられていない。

このように、中観派の伝統に従いながら、シャーンタラクシタはこの世界にはいかなる形相もないと主張する。もしもこの世界にいかなる形相もないならば、「形相は認識と異ならない」という命題と、「形相は認識と同一ではない」という命題は同時に成立し得るのである。ここでは対象の形相と対象の認識との関係は、「異なっている」と「同一である」という補集合的な関係にある二つのケースに分けられている。

竜樹やその後継者の清弁や月称たちが、含意を伴う定立否定と含意を伴わない非定立否定との両者を区別したように、シャーンタラクシタも、かの二種の否定を明確に区別している。

有相唯識派は、対象の形相は多様であり、認識それ自身は単一なものだと考える。この学派は、「これは黄色だ」とか「これは赤だ」というような複数の認識が同一瞬間に起きるという理由によって、認識の単一性が対象の多様性と矛盾しないと考える。シャーンタラクシタは、「眼識と耳識というような異種の器官による認識は同一瞬間に成立し得るのではあるが、例えば眼識というような同一の器官による複数の認識はありえない」というダルマキールティの説に基づいてこの有相唯識の説を批判する。シャーンタラクシタによれば、単一のものである認識は、認識の諸部分と考えられる複数の形相を持ちえない。もしも、一つの認識が部分を有するならば、その認識の部分はそれ以上、より小さな部分に分けることのできない原子の大きさに至るまで分割され得るであろう。だがすでに述べたように、原子は他の原子と結びつくにはいくつかの面を持たねばならない。しかし一方、すべての原子は単一なものすなわち部分のなきものでなくてはならない。これは矛盾である。したがって、この世には原子は存在しない。そのようにシャーンタラクシタは原子の存在を否定した。

同様にしてシャーンタラクシタは、認識が部分を有するという理論を否定する。すなわち、認識が空間的広がりの形で表象されているかぎり、それは部分を有すると考えられる。もし認識が部分を有するとすれば、認識の存在は原子の存在が否定されたのと同じ仕方で否定されるであろう。

一方、無相唯識派は、究極的真理の立場にあっては、認識は対象の形相によって汚されていない、つまり形相を有していないと主張する。この学派によれば、認識の本質は存在するが、対象の形相は、究極的真理においては存在しないのである。シャーンタラクシタはこの説を「存在しないものは単一性も多様性も持つことができない」という理論に基づいて批判する。

『中観荘厳論』の第二の部分の初め（第六三偈）において著者は、すべての現象世界は世俗的真理によって特色づけられていると述べる。竜樹が『中論』において最高真理と世俗的真理との二つを認めたように、シャーンタラクシタも真理の二つのレベルを認め、第六四偈においては世俗的真理を次のように規定している。

世俗的真理は、（一）厳密に考察されない限り一般的な理にかないかつ容認できるものであり、（二）生滅を有しており、（三）因果関係に基づく現実的効果を有するものである。

そして、最高真理においては何ものも存在しないのであり（第六九偈）、最高真理はいかなる言語活動をも越えていると述べられている（第七〇偈）。『中観荘厳論』の第三つまり最後の部分において、シャーンタラクシタは「いかなるものも生じない」という説に基づいて、これまで考察してきた唯識説は中観派の考え方へと進むべきだという。

このようにシャーンタラクシタは推論式を利用しながら、「すべてのものが存在しない」という中観派の最高真理が、他の学派つまり有部や唯識派よりも優れているという。唯識派の一派としての論理学派がかち得た成果を自らの理論体系の中に組み入れることによって、シャーンタラクシタは現象世界の構造について分析するに充分な手段を手にしていた。その上で、「何も存在しない」という空性を最高の境地として示したのである。しかしながら、シャーンタラクシタは少なくとも『中観荘厳論』を見る限り、最高真理そのものを得るための身体技法あるいはその際の精神生理学的な状況を説明しているわけではないし、さらに最高真理と世間的真理とがどのような接点を有するかについても明確な説明をしていない。このようなことは、シャーンタラクシタの主要著作の一である『真理綱要』においても言いうることである。つまり、シャーンタラクシタが空性の体験そのものをどのように考えていたかを知るのはすこぶる困難である。

シャーンタラクシタの予言通りに、チベットに導入されたばかりのインド大乗仏教は八世紀末には中国仏教と対決せざるを得なくなった。シャーンタラクシタの弟子カマラシーラは、中国仏教との対決のためにインドから招かれた。師が建立したサムエ僧院においてカマラシーラは、中国僧大乗和尚と修行階梯などの問題について論争し、相手を論破したのである。すでに述べたように、この時点からシャーンタラクシタおよびカマラシーラの伝えたインド大乗仏教が、チベット王室によって正統なる仏教と認められたのである。

後世、チベット人たちはシャーンタラクシタたちの主張した型の仏教を「順に修行階梯を追うことによって悟りに至る」（漸悟《ぜんご》）仏教と呼び、大乗和尚の説いた型の仏教を「修行階梯を順に踏むことには必ずしもこだわらない」（頓悟《とんご》）仏教と呼んだ。後者によれば、戒を厳守すること、長期にわたる瞑想の修練、哲学的な理論研究などは悟りを得るために不可欠というわけではない。大乗和尚は心作用を滅することによって悟りを得ることができると主張した。彼にとって空性とは視覚、聴覚、思考などのすべての心作用が止滅していることであった。

これとは対照的に、シャーンタラクシタや、カマラシーラをはじめとする彼の弟子たちは、悟りを得るためには、幾多の段階を順に追って修行する必要があり、また、空性はそのような不断の修行過程の中で捉えるべきものであって、単なる心作用の欠如ではないと考えた。このような階梯を順に踏むことによって悟りに至ろうとする考え方は、インド後期仏教においても主流であったが、チベットにおいてはダライ・ラマの学派を開いたツォンカパによって引き継がれ、チベット仏教の主流として今日に至っている。

3　『大日経』と『秘密集会タントラ』

七世紀の編纂と考えられている『大日経』によって仏教タントリズム（密教）が確立されたことはすでに述べた。「大日」つまり大日如来は太陽のように光り輝く仏という意味で、東大寺大仏殿の毘盧遮那仏《びるしゃなぶつ》に密教的要素が加わった仏ということができる。この経のタイトルはくわしくは、「大日の完全な悟りによって奇跡的に示された力の附与を述べる広汎な経中の王」（大毘盧遮那成仏神変加持経《じんぺんかじきょう》）という。つまり、大日が悟りを得た後、衆生《しゅじょう》のために奇跡（神変）を現して教えを説き、大日の「聖なる」力を衆生に与えた（加持）経というのである。大日如来の悟りは言葉を離れた空性の悟りであるが、この経では、悟りを得た後の仏、つまり、大日如来の働きに焦点が合っている。

大日の身体的、言語的、心的活動によってすべての衆生に対して秘密真言などの言葉によって教えが示されるのを見ることができる（田島信雄『大日経住心品』北辰堂、一九九〇年再刊、八頁）。

さらに経は、究極的な智を得た大日が世界の養育者であり、すべての生類を幸福にするものであるという。

この他の元素はすべての生類の養育者であるが、世尊よ、このように一切智者《いっさいちしゃ》〔である大日〕も、天、人間、阿修羅《あしゅら》等の世間の養育者となった。また、火の元素はすべての薪《まき》を焼くが、決して尽きることはない。このように、一切智者もすべての無知の薪を焼くのであるが決して尽きることはない（前掲書、一三頁）。

経はこの後、風の元素、水の元素が他の元素と同様、人々に幸福を与えるように、大日の智慧も衆生のために働いていることを述べている。

ところで、その智慧はどのようなものかを経はあらためて問う。その智慧の原因（因）は何か、根本は何か、究極的な境地（究竟《くきょう》）は何か。大日如来が答える。

因は菩提心《ぼだいしん》（すなわち悟りを求める心）であり、根本は大悲であり、究竟は方便である（前掲書、一七頁）。

これは『大日経』を貫くテーマである。「菩提」（ボーディ）とは、「自分の心を正しくありのままに知ること」であり、菩提には「自性がない」と『大日経』は述べている。この経によれば、心は青でもなく、黄でもなく、短くもなく、長くもなく、光でもなく闇でもない。このように心の色や形は捉えることができない。「虚空の自性そのままが心の自性（本質）であり、心の自性のそのままが菩提の自性であるから」（前掲書、一九頁）。つまり『大日経』では心の本質そのものが菩提であると考えられている。もっとも心は恒常不変の実体と考えられているわけではない。それは色や形を持たないもので、あらゆる差別を越えたものであった。ともあれ、『大日経』においてはそれは良い意味での自性を有するものであり、ともかくも存するものである。大日如来は『大日経』にいう。

菩提と一切智（すべてのことを知る智）とは自分の心の中に求むべきである。なぜならば、その心の自性は清浄であり、内にもなく、外にもなく、中間にもないからである（前掲書、一九頁）。

ここでは菩提は心のあり方として考えられており、心は色や形によって規定されるものではないが、その存在は悟りが成立するための拠り所として是認されている。唯識派においては、最終的には心的エネルギーが悟りの光となる際のいわば原質としてその存在が認められていた。『大日経』においても、ものが無自性である場面が無視されるわけではないが、悟りの原因である心の存在することが強調される。また「その心の自性は清浄である」という表現に見られるように、「自性」という語が中立あるいは良い意味に用いられているケースが『大日経』ではすこぶる多いのである。

仏の智慧は、大悲つまり他者の苦しみを取り除くことを根本すなわち動機としている。悟りは他者のためのものなのである。そして、仏の智慧の究極的なあり方は、自らが悟りの中にひとり住むのではなくて、さまざまな他者に合わせてその際にもっとも適切な手段（方便）として用いられるのである。タントリズムが求めたものは、言葉の止滅した境地よりもむしろその境地を経験した後、それが現実の世界の中でどのように生かされるかということであった。

すでに述べたように、『大日経』は胎蔵（胎蔵界）マンダラを述べている。マンダラは凡夫の住む俗なる世界を描いたものではない。仏の悟りの心が衆生の救済のために、色や形あるものを手段（方便）として顕現させる聖なる世界なのである。『大日経』成立からおそらく一世紀もしないうちに『秘密集会タントラ』が編纂された。この密教経典（タントラ）は当時のインドにおける性崇拝や土着的文化の要素を『大日経』よりもより多く含んではいるが、心については『大日経』と基本的に同じ考え方である。

この経典のフル・タイトルは、「一切如来の身体・言語・心の秘密のうちもっとも秘密のものである秘密集会」という。「一切如来」とは、単にすべての仏たちという意味ではなく、完全な悟りを開いた仏たちをいうのであるが、この経典は、完全な悟りを開いた仏の身体的、言語的、心的活動のすばらしさを明らかにする経典というわけである。ここでも悟りを得た後の活動が問題にされているのを見ることができる。

この経典の「菩提心についての第二章」では、菩提心とは「身体・言語・心の最上の精髄であり、一切如来の秘密であり」、「すべての存在から離れ（中略）自らの心であり、本来不生なるものであり、その本質（自性）は空性である」という（松長有慶『秘密集会タントラ和訳』法蔵館、二〇〇〇年、一一～一二頁参照）。ここでは菩提心の本質は空性であり、生ずるという変化を受けるものではないというが、心であり、身体的言語的心的活動であると明言している。すべてのものから離れ、生ずることもないにもかかわらず、身体的言語的心的活動であるとは矛盾ではないのか。これは般若経以来、空思想がとりくんできた問いであった。『般若心経』はこの問いに「色即是空、空即是色」と答えた。『秘密集会タントラ』は、「わたし（すなわち仏）の自性（本質）は空性であり、金剛のような智慧を自性とする」という真言によって答える。「金剛」とは元来、インドラ神の武器である稲妻のことであったが、後世、仏教ではダイヤモンド（金剛石）を意味するようになった。タントラ経典においてはこの例に見られるように、「金剛のようなすばらしいもの」を意味するいわば「飾りのための語」となった。智慧は身体、言語、心の働きとして現れるものであって決して無を意味しない。

秘密集会のマンダラも如来の身体、言語、心の活動が色や形を操ったものに他ならない。第四章には、マンダラが「すべての衆生の大いなる心であり、自性が清浄で無垢である」と述べられている。仏の心は衆生の心と元来は同一のものであるというのがタントリズムの基本なのである。

シャーンタラクシタやカマラシーラの仏教は、言語的心的活動のすべてを止滅させて空性へと至ろうとする場面を重視していた。『大日経』や『秘密集会タントラ』は、空性に至った仏がその後、他者のために自らの心をどのように活動させるのかに焦点を合わせている。インドの後期仏教においては、後者の傾向が強められたのである。

4　インド仏教の辿った道と空の思想

さて、この辺でインド仏教と空についてまとめておこう。すでに述べたように、インド仏教千数百年の歴史は、初期、中期、後期の三期に分けることができる。初期とは、仏教誕生の紀元前四～五世紀から大乗仏教の生まれる紀元一世紀頃まで、中期とは紀元一世紀頃から六〇〇年頃までの時期をいう。後期とは六〇〇年頃以降、インド仏教の亡ぶ一三世紀後半までを指す。中期はインド大乗仏教前半の時期であり、後期は大乗仏教の後半の時期である。

初期仏教はさらに前期と後期の二期に分けることができる。すなわち紀元前三世紀中葉のアショーカ王が現れるまでを前期、それ以降、大乗仏教が成立するまでを後期と呼ぶことができる。空の思想はインド仏教では中期および後期大乗仏教において特に重要な機能を果たすのであるが、初期仏教の時代にあってもすでに存在した。例えば、『小空経』などの初期経典には「ブッダは幾度も空性に住んだ」と述べられているが、この「空性」は後世の空思想における「空」(空性)の概念の基本的な特徴をすでに備えている。

『小空経』における空性に住むこととは、そこに至るならばもはやその先の階梯はないというような究極的で不変的な境地としてではなく、自分の心に次々と生まれてくる雑念を否定し続ける不断の否定作業として捉えられた。少なくとも修行のプロセスという側面のあることは明白であった。またプロセスとしての空性の側面はその後の空の思想に受け継がれている。このように、空の思想には基本的に否定的側面が存するのである。

しかし「空性に住んだ」後は、今述べたような否定的作業が続く一方で、その否定作業そのものあるいは否定を受けた想いや行為が肯定される側面も存する。『小空経』

ではこのような肯定的側面はそれほど顕著ではないが、大乗仏教の時代、特に七世紀以降になると肯定的側面が強調されるようになる。

「空」を意味するサンスクリット「シューニヤ」は、元来「あるもの（y）にあるもの（x）がない」を意味する。例えば、『小空経』では「自分の心にこれこれの雑念がない」という場合、「ない」に「空」（シューニヤ）という語が用いられていた。空の思想の基本は、自分の心や周囲のもの、要するにあらゆるものに不変の実体がないことである。ものに実体がないと知ることは、空の思想では悟りを得るための自己否定の作業に他ならない。

原始仏教以来、無我思想は仏教の基本思想のひとつである。「ものに我がない」ということの考え方は、『無我相経』において見たように、ものに対する執着を捨てて悟りを得るための自己否定の基礎となっている。無我思想は、「色に我がない」つまり「yにxがない」という考え方であり、自己否定のプロセスの一環であるという意味では、「空の思想」と同様の構造を有している。

しかし、仏教における無我思想が常に空の思想であるというわけではない。例えば、アビダルマ仏教においても無我思想は重要であるが、アビダルマの無我思想を空の思想の一種と呼ぶことはできない。アビダルマ仏教にあっては、「色に我がない」

は色における我の非存在を意味するが、色そのものの存在は認められる。一方、空の思想においては色も我も存在しない。つまり「基体としてのyに属性などのxがない」という際のyもxも存在しないのである。

大乗仏教の空の思想は、二～三世紀の竜樹によって確立された。彼は空の思想の否定的側面と肯定的側面とを時間の概念を導入することによって統一したのである。修行者は俗なるものとしての煩悩などを否定することにより、聖なるものとしての空性に至り、すぐさま聖化されよみがえった俗なる世界へと戻るのである。空性はそのターニング・ポイントである。

竜樹にとって世界は縁起の法則によって成立したものであった。つまり、「yにxがある」「yによってxがある」というように複数の項の関係によって成立しているものであった。この縁起思想はブッダ以来、仏教の基本思想の一つであった。ここでは世界を構成する項の存在はむしろ肯定される。竜樹はそれらの構成要素が空なるものであると知ることを空性へと至る否定作業と位置づけた。そして、われわれが今住む世界は本来は空なのであるが、言葉によって仮にその存在が知らしめられているもの（仮説）と考えた。仮説があるということが空の思想の肯定的側面であるが、竜樹は仮説された世界を示唆したのみであり、仮説された世界に関する精緻な考察は後継者たちの考察にゆだねられた。

竜樹を祖とする学派は中観派と呼ばれた。「中」とは先に述べた否定および肯定の両側面の総合を意味している。またこの学派は空性論者とも無自性論者とも呼ばれた。「自性」（スヴァバーヴァ）とは、特質、自体、それ自身などを意味するが、「もの（y）に自性（自体）がない」というのが中観派のスローガンであった。

インド中期仏教においては大乗仏教が興隆するのであるが、この時期には中観派と唯識派の二学派が存在した。六世紀頃、中観派に二つの流れが生まれたが、後世のチベット人たちはこの二つの流れを「帰謬論証派」（テンギュルパ）と「自立論証派」（ランギュパ）と呼んだ。この二学派を分かったものは、空性と言葉との関係についての理解の違いであった。前者によれば空性は言葉とは隔絶しているが、後者では空性は論証式によって語ることができると考えられた。だが、この両学派はともに竜樹よりははるかに熱心に仮説について考察をめぐらしている。これは空の思想を提唱する中観派にあっても、肯定的側面を重視せざるを得ない状況にあったためだと考えられる。

この肯定的側面の重視はインド後期仏教においてますます強められた。後期においては中観派と唯識派との総合学派が成立した。この学派を代表するシャーンタラクシタは中観派を最上位に置き、その下に唯識派を置いた思想体系をうち立てた。後世のチベット人の理解では、かの総合学派は自立論証派の伝統に属した。今日、われわれもほぼチベット人の理解に従ってインド仏教史を理解している。インド中期および後期仏教における空の思想は、結局のところ竜樹の確立した空の思想の伝統を忠実に守り続けたように思われる。あるいは、竜樹の定めた枠の外に出ることはなかったというべきかもしれない。

後期仏教においてはタントリズム（密教）が興隆するが、この新しい崇拝形態の基礎には空の思想がある。しかし、タントリズムにおける空性の理解はそれまでの仏教とはかなり異なったものとなった。すなわち、空性は自己否定のプロセスを超えた実在である、という側面を鮮明にうち出したのである。空性を実在視する傾向は、チベット仏教においても幾つかの学派においては顕著なものとなった。また中国や日本の密教においても空性はインドにおけるよりも実在性を増している。要するにインドの空の思想においては、時代が下るにつれてその肯定的側面が強調される一方で、空性が実在視される傾向が強まったのである。

仏教は自分の生まれた国インドから実にさまざまな国へと伝播した。インドの隣国ネパールにはアショーカ王の時代に伝えられたという伝承があるが、紀元四～五世紀頃には仏教がカトマンドゥ盆地にもたらされており、七世紀には仏教タントリズムも導入されていたといわれる。それ以来、カトマンドゥ盆地内のネワール人によってインドより伝えられた大乗仏教は今日も生き残っているのである。

七世紀頃からネパールを経由してチベットに仏教が伝えられた。すでに見たようにチベットへの仏教の本格的導入は八世紀後半になるのであるが、七～八世紀はインドにおける仏教の勢力にかげりが見えはじめた時期であった。インド仏教は自らの生命の保存を新しい地であるネパール、チベットに求めたかのように、七世紀以降ヒマーラヤ地域に自らの宣教の場を求めた。

一方、仏教が中国へ伝えられたのはチベットへ伝えられる数世紀も以前のことであった。中央アジアを通ってすでに紀元一世紀には中国に仏教がもたらされていたのである。紀元五～六世紀までの中国仏教は、中央アジアすなわち西域地方出身の仏教僧が伝えたものに基づいていたといえよう。例えば、『中論』や『法華経』を訳した鳩《く》摩《ま》羅《ら》什《じゅう》は西域出身者であった。もっとも西域の仏教は、七世紀頃までにはトルコ人勢力によって亡ぼされてしまった。七世紀以降、中国は独自の仏教教理と実践の体系をつくりあげたのである。

第10章　チベット仏教における空

1　チベット仏教の歴史

第9章「後期インド仏教と空」において述べたように、チベット王室は八世紀後半からインドの大乗仏教を本格的に導入しようとした。論理学、認識論に通じたインド僧シャーンタラクシタと、彼と共にチベットに入った密教僧パドマサンバヴァ（蓮華《れんげ》生《しょう》）は、チベットへの仏教伝播にもっとも功績のあった者たちである。論理学や認識論などの学問および厳格な修行階梯を重視した前者の仏教が、後のチベット仏教の主流となっている。後者の伝統は呪術や地方文化の要素を吸収し、主流と抗争しながらも今日まで存続している。

サンスクリットで書かれた仏教文献のチベット語への翻訳に特に力を注いできたチベット仏教は、九世紀中葉に徹底的な弾圧に遭《あ》う。この後、空白期間が一世紀半あまり続くが、一一世紀に入ると仏教復興運動が生まれた。チベットへ導入されてからかの弾圧までの仏教を「前伝期の仏教」、復興運動以降現在までを「後伝期の仏教」と呼ぶのが一般的である。次に見るように、後伝期の仏教はさらに一四世紀末にツォンカパによるゲルク派立宗までと立宗以降とに分けることができる。

後伝期の初期には、仏典のチベット語訳の校訂者リンチェン・サンポ（九五八～一〇五五）や仏教復興のためにインドから招かれたアティーシャ（あるいはアティシャ）（九八二～一〇五四）などが活動した。アティーシャの弟子であり、戒律を重視したチベット人ドムトゥンは「カダム（教誡《きょうかい》）派」を開いた。

一方、妻帯した密教行者コンチョク・ゲルポ（一〇三四～一一〇二）は、サキャ派の開祖となり、彼の血筋の者たちがこの宗派の教団の指導者となった。一三世紀にはサキャ派の座主はモンゴルからチベットの総督に任命された。もっとも総督とは形だけにすぎないのであって、実質的にはモンゴルの軍事力を前にして、チベットはモンゴルによる支配を受け入れざるを得なかったのである。一二六〇年にはモンゴルつまり元《げん》の皇帝フビライがサキャ派の座主パクパを帝師に任命した。パクパは当時のモンゴル語を表記した文字（パスパ文字）の考案者であるが、モンゴル風発音によって「パスパ」と呼ぶのである。

元が亡ぶとサキャ派の勢力も衰え、次にサキャ派と同様密教的色彩の濃いカギュ派がチベットの支配権を得た。この宗派も、妻帯した行者マルパ（一〇一二～一〇九六／九七）によって開かれた。彼の弟子に有名な行者ミラレーパと、組織を統率する資質に富んだガムポパがいた。ガムポパの系統からカギュ派はやがて氏族の援助を受けて巨大な組織教団へと成長し、八あまりの分派ができたが、その中の最大の分派がカルマ派である。この派の座主の選考に活仏《かつぶつ》制度が導入された。この制度は、一人の座主がなくなっても新しい肉体を得て、次の座主として転生するという考え方に基づいている。この派の勢力は一七世紀中葉頃まで維持された。

青海省アムド地方に生まれたツォンカパ（一三五七～一四一九）は一四世紀末にゲルク派を開き、チベット仏教のいわば宗教改革を行った。彼は当時の仏教僧のあり方を刷新しようとしており、それまでのセックスを修行過程の中で役立たせようとする一部の密教的修行あるいは性的ヨーガに批判的であった。密教文献に見られる性的ヨーガに関する箇所も、精神的象徴的に解釈しようとした。

ゲルク派の本山はガンデン寺であり、この本山の住職がゲルク派の座主となった。一五七八年、座主のソナム・ギャツォがモンゴル王より「ダライ・ラマ」の称号を贈られた。「ダライ」とは、彼の名のギャツォ（海）をモンゴル語に置きかえたのである。「ラマ」とは師を意味する。一七世紀のダライ・ラマ五世の時代にゲルク派がチベット全土を支配するようになり、この支配体制は、一九五九年のチベット動乱まで続いた。現在のダライ・ラマは一四世である。チベットの後伝期の仏教はツォンカパのゲルク派建立以降大きく変化し、ツォンカパが定めた方向に沿ってきた。このような意味で、後伝期を「ゲルク派立宗まで」と「ゲルク派立宗以降」とに分けることができるのである。チベット仏教史を（一）九世紀の弾圧まで（初期）、（二）一一世紀からゲルク派立宗まで（中期）、（三）ゲルク派立宗以降現在まで（後期）、というように三時期に分けることもできよう。

空の思想はチベット仏教全史を通じて重要な役割を果たしてきた。もっともチベットにおいても空はさまざまに解釈されてきた。本書では、サキャ派、カギュ派およびゲルク派における空の解釈について簡単に触れておきたい。

2　サキャ派と空

ゲルク派の僧トゥカンが一八〇一年に完成させた『一切宗義《いっさいしゅうぎ》』は、チベット仏教各宗派の歴史と教理の概説書としてよく知られている。今、この書の「サキャ派の章」

からサキャ派における空の理解を見てみよう（拙著『西蔵仏教宗義研究』（一）東洋文庫、一九七四年、三三〜三八頁参照）。トゥカンはサキャ派の教理を顕教（非密教）と密教に分けて述べている。後伝期の仏教の伝統に従って、トゥカンは密教の方が顕教よりも一段と優れたものと考えている。ちなみにサキャ派の教理に関する箇所は、トゥカン自身の文章ではなく、一六世紀サキャ派の僧マントェ・リュトゥプからの引用である。

顕教にあっては「すべてのものは空である」という側面が強調され、現実の世界（現世）に対する否定的態度が支配的となる。その否定には二種の方向がある。すなわち（一）客観的世界の実在性を否定する方向および、（二）「外界が存在する」あるいは「存在しない」と認識する主観そのものを否定する方向とである。

『一切宗義』「サキャ派の章」の顕教的教理は、竜樹に従う教説と弥勒《みろく》に従う教説に分かれる。要するに、中観派の教説と唯識派の教説というわけである。竜樹に従う教説においては、「心身の五構成要素（五蘊）は実体である」という判断と「実体ではない」という判断の両方が否定される。五構成要素は実体であるとかないとか判断する限り、そこには言語の多元性とも呼ぶべきプラパンチャ（分裂）がある。プラパンチャがある限り、空性の智慧を得ることができない、というのが中観派の立場であった。

先に述べた否定の二つの方向のうち、「五構成要素は実体である」という判断を否定するのは、第一の方向つまり外界の実在性を否定する方向を有しており、「実体ではない」という判断を否定するのは、主体つまり心の作用を否定するという第二の方向を有していると『一切宗義』では解釈されている。

次に、弥勒に従う教説においても二つの方向を有する否定が見られる。その二つの否定とは、認識対象として誤って現れたものを否定すること、および認識主体として誤って現れたものを否定することである。唯識派によれば、世界は外界に実在するものではなく、認識主体が認識の内容を見てそこに現れるイメージを世界であると誤って考えているのである。ここでいう「誤って」とは、「犬を見ながらこれは猫である」というような誤りをいうのではなく、犬であれ、猫であれ、ともかくも認識にイメージ（形相）がある限り、唯識派の者たちはその認識を「誤っている」と考える。

この学派はまた認識の対象も主観も、共に「現れたもの」（顕現）であると考える。唯識派の実践は、認識の中に現れる誤ったイメージをなくしていって、認識作用を光に変えようとするものである。彼らの目指す境地は、認識の中のすべてのイメージがなくなり、光のみの状態に至ることである。中観派がどのような判断も成立しないと主張するのに較べて、唯識派は認識がやがて光となる際の素材であると考えるゆえに認識作用のすべてを否定しようとは考えない。

しかし、唯識派は、密教ではなく顕教である限り、客観および主観の実在性を否定するという伝統は守るのである。先に述べた二つの方向を有する否定は、唯識派の説教にも見られる。「認識対象として誤って現れたもの（要するに、認識された対象）を否定すること」は、第一の方向の否定であり、「認識主体として誤って現れたもの（つまり、認識する主体）を否定すること」は第二の方向の否定である。

次に『一切宗義』は、顕教と比較するならば、より一層肯定的側面を有する密教の教理を述べる。まず「密教の教説は心の本質を理解した者の教説である」と『一切宗義』はいう。心とはここでは好・悪、美・醜、生・滅が生ずる場であると考えられており、どのようにすればそれらの区別あるいは差別をなくすことができるのかがサキャ派の密教的実践の根本的課題であった。この課題の解決のためには心の本質が明らかにされねばならない。『一切宗義』は心の本質の解明を三段階に分けて述べている。

第一段階　心は照《しょう》（対象を照らす作用を持つもの）である。

第二段階　心は空である。

第三段階　心は照と空とが融合したものである。

「照」とは、迷いの世界にある心の状態を指しており、対象を認識する心の働きが「光が物体を照らす」作用に例えられているのである。「空」は悟りの世界にある心の状態を指し、「照」と呼ばれる否定さるべき俗なるものが止滅した場面をいう。

第一段階を理解しただけでは心の本質の三分の一が分かったにすぎない。第二段階を理解して三分の二が分かり、最後の第三段階を終えてはじめて心の本質の全体が理解できると『一切宗義』は述べている。

『一切宗義』によれば、サキャ派の密教教理は「認識の対象として現れたものは心にすぎない」という前提に立っている。この立場が唯識派のそれに近いことは明白である。心の本質解明第一段階である「心は照である」と知ることとは、認識の対象として現れたものを「照」として知ることである。「照」には、対象のイメージを認識しているという意味で、否定的側面が含まれているのではあるが、『一切宗義』に「心の作用である照を混濁させないようにする」とあることからもうかがうことができるように、「照」は肯定的側面も有している。それは「照」という作用がやがては光（光明）ばかりとなると主張するための伏線であると同時に、「心が照であるとともに空である」という相反する二側面の融合を述べるための基礎ともなっている。心の「俗なる」働きを完全に否定し去ってしまうのではなくて、その「俗なる」世界を「聖なる」世界に引き上げるようすがとしているのである。

「心は照である」という心の活動を肯定する側面は、「心は空である」という心の第二の側面によって否定される。しかし、この否定的側面に止まってしまうことは許されない。修行者は、「心は空である」という理解にのみ固執することなく、今述べた肯定的側面と否定的側面とが融合した心の本質を把握しなければならない。その際、「照であり空である心が実在する」とは考えてはならないと『一切宗義』は述べている。心は無自性なるもの、つまり恒常的実体を欠いたものであるからだ。

サキャ派の顕教教理と密教教理を比較した場合、両者の相違の主要点は、顕教が考えられるかぎりの選択肢を否定するに止まり、肯定的命題が含意されることはないのに対して、密教では相反する側面が心という一つの場において融合しているということである。顕教的立場に立つ竜樹の論法に従うならば、「心は照ではなく、心は非照でもなく、さらに心は空でもなく、心は非空でもない」というべきであったろう。しかし、密教では、心の相反する両側面が肯定され、しかもその両側面が同一視されている。このような論法は少なくとも『中論』には見られないものであった。

3　カギュ派と空

チベットではサキャ派と並んで密教的色彩の濃い宗教であるカギュ派がよく知られている。この宗派の開祖マルパはネパール、インドに出かけ、密教行者マイトリーパ（本書八三頁参照）に就いたといわれる。マルパ自身の言葉として、『一切宗義』カギュ派の章は次のような詩句を記している（拙著『西蔵仏教宗義研究』（五）東洋文庫、一九八七年、七〇頁）。

東方のガンジス河の岸に行き、そこで大徳マイトリーパの恩恵により、
根本たる法性（ものの本質）は不生であると悟り、空性である心を把握し、
プラパンチャ（言語の多元性）を離れた不変の最高真理を見て、
法身《ほっしん》たる光明にまみえた。それ以後、自分のプラパンチャを断つことができた。

ここでは、ものの本質（法性）は生じたり滅したりしないものであり、最高真理は不変である、といわれている。これはカギュ派においては恒常不変なる根本の存在を

認めるようになっていることを表している。また、サキャ派と同様に、心は空性（空）であり、さらに、最高真理は光として現れてくると考えられている。初期中観派の考え方と比較するならば、サキャ派やカギュ派においては空性自体が一種の実体とみなされる傾向がより顕著に見られる。

カギュ派の分派としてカルマ派があり、この分派はさらに黒帽派と赤帽派に分かれた。黒帽派の第三世座主であるランチュン・ドルジェ（一二八四～一三三八）に『大印の誓願』という著作がある。「大印」（大いなるしるし）とは最高真理の密教的表現なのであるが、この著の第七偈は次のようにいう。

〔心の〕浄化の行われる場であり、照と空とが融合した心そのものにおいて、
浄化の手段である大印のヨーガにより、
浄化の対象である偶然的（非本質的）な誤った〔心の〕汚れが浄化された結果、
生じた無垢《むく》の法身（法そのものを身体とする仏）を体得できますように。

ランチュン・ドルジェもまた、心は認識作用（照）と空とが融合したものであると考えている。その心において、ヨーガという手段によって、汚れのない法身を体得で

きるように誓願を立てているのである。ここには第1章で述べた行為の三要素、すなわち（一）世界観あるいは現状認識、（二）目的、および（三）手段が明確に述べられている。心は、「偶然訪れた客人のように家族のメンバーではない」という意味で非本質的な誤った現れや煩悩（心の汚れ）によって覆われているので、その煩悩などを浄化する必要がある。これが第一要素の現状認識である。煩悩によって覆われていない究極のものである法身に会うことが第二要素の目的であり、煩悩などを除くためのヨーガが第三要素である手段である。

非本質的なものである心の汚れを浄化するならば無垢の法身が体得されるというのは、明らかに如来蔵《にょらいぞう》思想であり、本書の第7章に述べた「自性に関する四つの解釈」のうち、パターンⅣにあたる。つまり、無垢なる法身は、第7章第11図における実線で描かれた円が示す恒常不変の自性に相当するのである。

カギュ派と如来蔵思想との結びつきをさらに強めたのは、カルマ黒帽派第八世座主ミキョ・ドルジェである。彼は中観派の思想を「他空説」の立場から解釈しようとして『中観他空説の主張を正しく開く灯火』を著した。「他空説」の立場では如来蔵と同一視された自性は否定されず、煩悩などの如来蔵より他のもの、すなわち「自性より他の残りのもの」が否定される（空である）のである。要するに「他空説」の「他」

は自性としての如来蔵より他のもの、すなわち煩悩などを意味する。一方、ゲルク派の立場は「自空説」と呼ばれる。この場合の「自」は自性を意味する。自空説では空性の働きとしての否定から逃れるものは何もないのである。

ミキョ・ドルジェの如来蔵思想的な考え方は、竜樹などの初期中観派の考え方とは明らかに相容れないものであった。彼は中観他空説の根拠を初期唯識派の弥勒、世親、世親の兄の無着《むじゃく》などの思想に求め、彼らを「大中観論者」と呼んでいる。すなわち、如来蔵思想および唯識思想の枠の中で「中観」思想を理解しようとしたのである。このような考え方に対しては、他学派、特にゲルク派から厳しい批判があった。

4　ゲルク派と空

ゲルク派の開祖ツォンカパの思想は、後のチベットの仏教の方向を決定した。チベットの仏教史にとってツォンカパはそれほど偉大なのである。空の思想は、彼の思想の根幹であった。彼が特にインドの中観思想家月称を重視したことはよく知られている。もっともこれから見ていくように、七世紀の月称と一四～一五世紀のツォンカパとでは年代的にも大きなひらきがあり、ツォンカパの空の考え方は月称のそれと同一ではない。

ツォンカパは月称著『入中論《にゅうちゅうろん》』に対して注を書いているが、第六章の終わりに近い箇所で四種の空について述べている。四種の空とは、(一)有体の空性、(二)無体の空性、(三)自性の空性、および(四)他性の空性である。第一の「有体の空性」について、ツォンカパは次のように述べている。

それら五構成要素(五蘊)が自性(ランシン)として成立していることの無、それが有体(もろもろのもの)の空性である、と経典に述べられている。

ここで「有体」とは五構成要素を指している。インドにおいて空は一般的に、『般若心経』の「五構成要素は自性を欠いている」という表現にも見られるように、「yはx(自体)を欠く」と理解されたのであるが、ツォンカパはそのように理解せず、「yは自性として成立していることを欠く」と理解した。つまり、「自性(ランシン)を欠く」という際の「自性」が「自性(ランシン)として成立していること」に置きかえられているのである。この違いの意味するところは大きい。つまり、インドの一般的理解にあっては「yはx(自体)を欠いている(yはx〔自体〕に関して空である)」は、最終的には「yもxも存在しない」を意味していた。少なくとも空性に至った後、よみがえるとしても一度はyもxも無となると考えられていたのである。

しかし、ツォンカパにあっては、y(五構成要素)は自性として成立していることを欠いているのであって、自性として成立していないyはその存在が許されているのである。

「自性として成立していないもの」とは、縁起の理法によって成立しているもののことである。このかぎりでは、これは竜樹においてもあてはまる。しかし、ツォンカパにおける「自性として成立するもの」の意味がかなり限られたものであるために、yの指すものの範囲が広くなるのである。実際、ツォンカパの体系にあっては、yとは、ダルマキールティが存在と認めたもの、つまり、役に立つあるいは意味のあるもの(効果的作用をもつもの)すべてを含んでいる。

第二の「無体の空性」を見てみよう。そうすれば、ツォンカパがyにあたるものとして何を考えていたかがより鮮明となろう。

無体とは、無為(作られていないもの)な虚空等や涅槃《ねはん》をいう。その無為なるものである無体がその自性として成立していないこと、それが「無体の空性」といわれる。

ここにいう「無体」とは非存在（欠如、無）のことではない。ツォンカパにとって虚空や涅槃は形もなく眼にも見えないものであるが、単なる欠如ではなく、むしろ「満たされた」存在する何ものかなのである。竜樹は『中論』第五章七偈で「虚空は存するもの（バーヴァ）でもなく存しないもの（アバーヴァ）でもない」と述べている。ここでの竜樹の意図は「ゆえに虚空は存在しないものである」ということであった。「存在、非存在を越えた絶対的なものである」という意味では決してなかった。しかし、ツォンカパにとっては虚空や涅槃は存在しないものという意味での空なるものではない。

涅槃といえども、それは独立した恒常不変な自性ではない。シャーキャ・ムニの肉体つまり五構成要素があってはじめて成立するものである。そのような意味で涅槃等もまたツォンカパにとっては、自性としては成立していないものであった。

第三の「自性の空性」の「自性」に関しても同様である。ツォンカパにとって自性とはものの本質（法性）をいうのであって、その存在が肯定されるべき何ものかなのである。第四の「他性の空性」の「他性」に関しても、（一）勝れた真実、（二）世間より他の智慧、および(三)迷いの世界である輪廻《りんね》の彼方という、いわば肯定的な何ものかであると解釈している。インドの中観派にあってはこのような解釈はなかったと思われる。インドでは、ものが「自性」(それ自身、自体)と「他性」(それ以外、他体)に二分されて、両者ともその存在が否定されたのである。

このようにしてツォンカパの体系にあっては、空思想の有する否定の手は有体、無体、自体、他体などの存在には伸びないのである。否定の手は、もっぱら「縁起の理法に依らず、因果関係に依らず、独立に恒常不変の実在として存すること」に伸びたのである。その結果、ツォンカパの体系にあっては、われわれが目前に見る現象世界やこの輪廻の世界を越えた涅槃が、すべて現実的に有効なものであるという意味でその存在が認められるのである。

現実的有効性を重視する傾向はすでに清弁にあり、シャーンタラクシタにおいて一層強められていた。しかし、シャーンタラクシタにあっては、第9章で見たように、すべてのものの存在を認めない中観派の立場が究極的なものであった。しかし、ツォンカパにおいては、もろもろのものの存在は許されているのである。第7章で述べた「自性に関する四つの解釈」のうち、ツォンカパの考え方はシャーンタラクシタの場合と同様にパターンIIIに属する。

このような変化はどのようにして起きたのか。それはツォンカパが置かれていた歴史的状況によると考えられる。中世チベット社会のもっとも重要な思想家であるツォンカパは、自らの思想の中に世間的立場とそれを越えた出世間的立場との両者を統一させていかなければならなかった。

ツォンカパは、竜樹や『般若心経』の編者等の時代にはなかった問題に向き合っていた。初期大乗仏教の比丘《びく》たちにとって、一国家の政治・文化・宗教の総合的プランは必要なかった。しかし、ツォンカパの時代の仏教的イデオロギー（社会的に規定された思想形態）は、単に出家僧たちの規範であるにとどまらず、一つの国家システムの理念でなければならなかった。その理念は、一般的世間的な思惟を伴った普遍的な要素を含む必要があった。その基盤の上に立って、仏教が究極的に主張しようとする聖なる出世間的な悟りが位置づけられる必要があったのである。

ツォンカパは、ダルマキールティの論理学大系に述べられたような思想体系を自らの体系の中に含めた。つまり、古代における竜樹のように「すべてのものが存在しない」と主張するのではなくて、一般社会においてその存在が認められている世界や言語活動を、その現実的有効性という観点から仏教の立場からも認めたのである。その上で月称が主張するような中観派の空思想を主張しようとした。そのための操作の一つが「自性を欠くこと」ではなく、「自性として成立することを欠くこと」を空の基本的意味と考えることであった。

ツォンカパのこの方法は、今日でも有効なのであろうか。この方法は今日においても意義を失っていないとわたしは思う。彼の方法は、空思想を唯心的、観念論的なものに終わらせることなく、世界の構造に積極的に関わる態度を養うものであった。このようにしてツォンカパは、空思想の近代化の第一歩を踏み出していったのである。

第11章　中国仏教における空㈠――天台仏教

1　中国仏教の歴史

中国に仏教が伝えられたのは紀元一世紀、後漢の時代である。チベットに伝えられる数世紀も前のことであった。その後、中国の仏教は約二〇〇〇年を経て今日に至っている。中国仏教の歴史は、次のような四期に分けることができよう。

第一期　伝来の時代――後漢（紀元二五〜二二〇年）から西晋（紀元二六五〜三一六年）まで

第二期　定着の時代――五胡十六国（紀元三一六〜四三九年）から南北朝（紀元四二〇〜五八一年）まで

第三期　成熟の時代――隋唐時代（紀元五八一〜九〇七年）

第四期　民衆浸透の時代――宋朝（紀元九六〇～一二七九年）以降の時代

インドのマウリア朝（紀元前三二一～前一八八年）の時代には、すでに中国の西隣の西域地方に仏教が伝えられていた。中国仏教史の第一期において中国に伝えられた仏教は、西域地方出身者によって伝来し、中国人がそれを自分たちの情況に合わせて受容したものである。

第二期において、仏教は社会一般の中に流布していったのであるが、当時の人々が仏教に求めたものは主として呪術的な機能であった。呪術は宗教と同様に「聖なるもの」と「俗なるもの」との区別を意識した、目的を達成するための行為である。宗教においては、その行為を行う際に自己否定を伴うことがほとんどであるが、呪術においては自己否定を伴うことが少ない。例えば、効果があると信じられている呪文によって他人の健康を害しようとする呪術においては、呪いをかける者にとって自己否定は必要ではない。しかし、もしもその呪文を用いることができるようになるまでに、その呪術者が厳しい修練に何年もかけたというようなことがあれば、その修練をしたかぎりにおいてはその者は自己否定を行ったということができよう。

中国仏教第二期においては、仏教僧たちもすでに中国にあった呪術的儀礼と仏教とを結びつけ、除災、病気治癒《ちゆ》といった現世利益の側面を強めていった。もっとも『中論』を訳した鳩摩羅什《くまらじゅう》（三四四～四一三または三五〇～四〇九）や、自らインドに出かけた法顕《ほっけん》（三三九頃～四二〇頃）などが活躍したのもこの時期であり、第二期は中国仏教が開花する次の第三期の準備期間であったということができよう。

第三期つまり隋唐の時代において、中国仏教はそれまでの期間の準備を踏まえて、西域やインドの仏教を翻訳するにとどまらず、中国人の思惟による仏教を確立させたのである。隋（五八一～六一九年）の時代には、インドの中観派の伝統を受け継ぐ三論宗、さらには『中論』の思想と『法華経』の思想を統合した天台宗が発展した。唐（六一八～九〇七年）の時代には、インドの唯識派の伝統を受け継ぐ法相宗や、『華厳経』の伝統を踏まえた華厳宗、禅、浄土教、さらには密教が勢力を得た。これらのうち、天台大師智顗《ちぎ》が築いた天台教学と、賢首大師《げんじゅだいし》法蔵《ほうぞう》が完成させた華厳教学は、中国人の思惟による仏教思想の体系であった。

第三期の仏教にあっては、呪術的要素はそれほど強くなく、厳しい禁欲的な修練を前提としたものであった。戒律を守って自己を律し、世俗的な栄誉を得ることを自ら放棄するといった自己否定の態度が重視されたのである。そのような禁欲的な修練あるいは自己否定的態度は、空思想に基づくものであった。天台および華厳の教学の最終的目標は、「俗なる」輪廻を否定し「聖なる」解脱を得ることにあったが、このかぎりではインド仏教と同じ目標に向かっていたのである。しかし、後で見るように、中国仏教における世界観はインドのそれとはかなり異なったものであった。

第三期、特に唐の時代は、密教が発展した時期でもあった。第二期にあっても初期的な密教経典や儀礼が見られたが、第三期の密教は仏教本来の目的である悟り、あるいは解脱の追求を正面に押し出したものであった。『大日経』や『真実摂経』などの密教経典がインドよりもたらされ、中国的な変容を加えたマンダラが作られた。空海が九世紀の初頭に日本にもち帰った『大日経』に基づく胎蔵（胎蔵界）マンダラと、『真実摂経』に基づく金剛界マンダラは、インドの伝統に中国的変容が加えられたものであった。密教においても空の思想は重要な機能を果たすのではあるが、天台や華厳の教学における場合とはいささか異なる場面に機能していた。すなわち、天台等にあっては「もろもろのものは空である」という側面が主要であり、「空なるがままにものとして現れる」という側面も主張されるのであるが、焦点はやはり前者にある。一方、密教にあっては、「空なるがままに現象が成立する」つまりすでに「聖化された」世界にいるという側面に焦点が合っているのである。だが、中国における密教は唐が亡ぶと勢力を失ってしまった。

第四期の仏教においては、禅と浄土教が勢力を得るのであるが、この時期において中国仏教は民衆の中に広く流布したのである。禅の求める悟りはまさに空の体験であったといえるであろう。浄土教において追求された死後の安心は、自己否定を通じてなされたものであった。この種の自己否定の考え方は、すでに述べたように、空思想と深く結びついたものであった。

2　『中論』の「三諦の偈」

本章においては中国仏教における空思想のあり方の例として天台と華厳の教学をとりあげてみよう。

まず、中国の天台仏教はどのように確立されたのであろうか。中国の天台仏教の開祖は北斉の慧文《えもん》禅師といわれる。この人は初めは禅仏教を修行していたが、インド大乗仏教の大成者竜樹（一五〇頃〜二五〇頃）の主著である『中論』、および当時は竜樹の著作であると考えられていた『大智度論』を読み、「一心三観《いっしんさんがん》」のアイデアに目覚めたという。「一心三観」とは、われわれの瞬間瞬間の心には三つの観点が統一、融合されているというものであり、このアイデアこそ天台仏教の核心となった。これについては後ほど述べることにしたい。この基本的な思想が開祖の慧文より、第二祖慧思禅師《えし》（五一四／五一五～五七七）に伝えられ、第二祖より第三祖智顗《ちぎ》（五三八～五九七）に伝えられた。梁朝の乱世に生まれた智顗は、両親が相次いで亡くなったため孤児となったが、一八歳の時に出家し、『法華経』などを学んだ後、慧思の弟子となったと伝えられる。三八歳の時、智顗は弟子二〇人あまりと共に天台山に入った。一一年間天台山にあったが、山を下りた後、『大智度論』などの講義をしたり、故郷の荊州《けいしゅう》に寄ったりしている。没する二年前には天台山に帰り、寺の修理などをしたという。智顗の没した四年後の六〇一年には、晋王の援助によって天台山に国清寺が建てられ、天台仏教の聖地となった。

この第三祖智顗は、天台山に住んだところから天台大師と呼ばれ、「天台仏教」という呼び方も天台大師智顗に由来するのである。「天台宗」という呼び方そのものは、中唐の湛然《たんねん》（七一一～七八二）にはじまると推定されている。ともあれ、天台仏教は梁の後期から隋の初めにかけて生きた天台大師智顗によって大成された仏教を指すのであり、天台の教理や実践方法はこの第三祖によって確立されたのである。ちなみに、天台山は上海から中国大陸の海岸線に沿って約四〇〇キロほど南下したあたりにあり、智顗の故郷である荊州は洞庭湖の北方約五〇〇キロメートルに位置する。

天台仏教の核心である「一心三観」とは、『大智度論』(鳩摩羅什訳)から天台宗の開祖慧文が読みとったものであるが、第三祖天台大師によって中国仏教を代表する教学へと育てあげられたのである。今、『中論』に述べられる「一心三観」の思想を見ていくことにしよう(拙著『最澄と空海』講談社、一九九八年、一三三頁参照)。かの偈をもう一度引用してみよう。

どのようなものであれ縁起なるものは、(第一句)
われわれはそれを空性と呼ぶ。(第二句)
それは仮説(言葉によって仮に述べた存在)であり、(第三句)
また中道である。(第四句)

もっとも智顗はサンスクリットで『中論』や『法華経』を読んだわけではなく、この二つの文献の羅什訳を読んでいた。『中論』のかの偈の羅什訳は次のとおりである。

衆因縁生法　我説即是空　亦為是仮名　亦是中道義
〈衆の因縁より生ぜし法は(第一句)、我即ち是れ無と説く(第二句)。また是れ仮名と為し（第三句）、また是れ中道義なり（第四句）〉。

「一心三観」の「三観」とは、空、仮、中の三つの観点をいう。「一心」とは、われわれが現在体験しつつある瞬間瞬間のあり方を意味する。この場合の「心」とは精神生理的な意味の心ではない。一人ひとりが生きているあり方そのものを指している。天台仏教では、空、仮、中は「三つの真理」（三諦《さんたい》）といわれ、この三つの真理を述べているかの『中論』の偈は「三諦の偈」と呼ばれてきた。天台仏教では「三諦円融」という表現がしばしば用いられる。この表現は、空、仮、中の三つのあり方はそれぞれ別個のものではなく、互いに融合しているというのである。

問題は第三句である。この句の「それ」あるいは「是れ」とは第一句の「縁起」を指すのか、第二句の「空性」を指すのであろうか。サンスクリットでは第三句の「それ」（sā）は女性代名詞である。ゆえに第二句の女性名詞である「空性」を受けるという考え方が有力である。ちなみに第一句の「縁起」は男性名詞である。しかし、このことは第三句の「それ」が第二句の「空性」を指すと決定するに充分な根拠ではない。というのは、第三句の述語である「仮説」が女性名詞であることに影響されて、その主語である「それ」が女性代名詞となったかもしれないからである。インドおよびチベットには幾多の『中論』注が残されているが、それらの多くは第三句の「それ」を「空性」の意味にとっている。しかし、それはあくまで後世の注釈家の意見であって、『中論』の著者の考え方を決定するには充分な理由ではない。

一方、天台にあっては第三句の「是れ」は、第一句の「縁起」を指すと考えられた。すなわち、「縁起」は（一）空性であり、（二）仮説であり、そして（三）中道であると考えられたのである。天台においては「空性」、「仮説」、「中道」はそれぞれ「空」、「仮」、「中」と呼ばれるのが一般的であり、右に述べたように、この三者を「三つの真理」（三諦）として述べているかの偈を、「三諦の偈」と呼んできた。

ちなみに天台宗において用いられている三諦の偈は羅什訳そのものではなくて、前半の二句が「因縁所生法、我説即是空」となっている。羅什訳と意味はほとんど変わらない。

天台の教学によれば、この「三諦の偈」において空性と仮説の対立は「真」と「仮」のそれと捉えられ、この相反する二者の調和が中道であると解釈された。「仮説」あるいは「仮設」と訳されたサンスクリットの単語は「ウパーダーヤ・プラジュニャプティ」であるが、この語の意味の中で「真」に対する「仮」の意味は少なくとも主要なものではない。「ウパーダーヤ」とは、「対象を自分の方に引きよせて」という意味であり、「プラジュニャプティ」とは、他者に知らしめるための標識のことである。したがって、「ウパーダーヤ・プラジュニャプティ」は、対象は実在しないのであるが、それを概念作用によって引きよせて構成し、他者に知らしめる標識として用いられた言葉を意味する。要するに、現象世界を知らしめるために仮に用いられた言葉のことである。

すでに述べたように、竜樹の『中論』にあっては仮説は、空性に至った者つまり仏が凡夫を導くための言葉あるいは教えなのであった。したがって、「仮説」というように「仮」の語を用いて訳されてはいるが、目的としての空性の体験をすでに得た後の状態を指しているのであって、迷いの世界にある凡夫の心の状態を指しているのではない。繰り返し言うならば、「仮説」とは仏が凡夫たちを導くための方便として、言葉を用いて仮に現象世界を知らしめている、というのが『中論』の著者竜樹の意図であったと思われる。

では、『中論』において凡夫の見た現象世界はどのような語で語られるのか。それは『中論』第二四章一八偈においては「縁起」という語によって表されていた。天台宗において伝統的に用いられる「三諦の偈」の第一句は「因縁所生法《いんねんしょしょうほう》」(因と縁によって生まれたところのもの)であるとすでに述べたが、この訳からもうかがうことができるように、第一句に用いられたサンスクリット「プラティートヤ・サムトパーダ」は、縁起することのみならず縁起せるものをも意味する（拙著『中論の思想』法蔵館、一九九四年、二二九頁参照）。「縁起なるもの（あるいは縁起せるもの）は空性である」という場合の縁起せるものには、例えば心身の五構成要素（五蘊）の第一の色（色・形あるもの）も含まれる。したがって、この「三諦の偈」の第一句は、『般若心経』の「色即是空」と同じことを述べていると解釈できよう。

次に第四句の「中道」とはどのような意味か。『中論』で「中道」という語が用いられるのはこの偈においてのみである。にもかかわらず、この偈が竜樹の後継者たちの学派の名称（中派あるいは中観派）の源となったことからもうかがうことができるように、「中道」という概念は竜樹の後継者たちによって極めて重要であった。「中」（マドゥヤマ）とは元来は中間を意味する。しかし、竜樹のいう「中道」は、右と左の中間とか、激しい動きと停止の中間状態というようなあり方をいうのではない。極端にかたよるのではなく、中程度の状態をすすめるというような箇所は『中論』のどこにもない。

『中論』第二章八偈前半の論議を思い起こそう。かの箇所では、行く（歩く）という動作の主体が行く者と行く者ではないもの（行かない者）に配分されていた。

行く者は行かない
行く者でない者も行かない

この偈の意味するところは、どのような者も行かないということであった。ここでは「行く者が行く」という命題と「行く者ではない者が行く」という命題が共に否定されていた。もしも行くという動作の主体が存在するならば、「行く者が行く」かあるいは「行く者でない者が行く」かのいずれかである。しかし、ここではいずれも否定されている。行く動作の主体が存在しないからである。このように行く者も行く者でない者も行かないあり方も「中道」と呼ぶことができよう。このあり方は中程度の状態ということでは決してない。この際重要なことは、「行く者は行かない」と「行く者でない者も行かない」という二つの否定表現が成立していることである。これは、俗なる言語活動を否定する過程を、空性を悟った者がふりかえって表現した結果である。迷いの世界にある凡夫が中道を説明することはできない。今わたしが「中道」について語っているのは、仮説としての教えに基づいているからに他ならない。

仮説としての教えには「行く者は行かない」というような否定命題のみではなく、肯定命題も当然用いられる。『中論』第一八章八偈は仮説としての教えの例であるが、そこにはさまざまな形式の肯定命題が見られる。

一切は真実であるか、あるいは、
真実でないか、あるいは、
真実であり非真実なるものであるか、あるいは、
真実でもなく非真実でもないものかである。
これがもろもろの仏の教えである。

この偈のポイントは、空性を悟った仏が仮説としての教えにおいてさまざまな形式の表現を用いることにある。またこの偈では、「一切は真実である」と「〔一切は〕真実でない」は「あるいは」で結ばれており、「かつ」で結ばれていないことが重要である。「一切が真実である」と「真実でない」とは同時に成立し得ないという理由から、竜樹は選言の接続詞「あるいは」（vā）を用いたのであろう。竜樹は『中論』においては極力、形式論理学の法則を守ろうとしている。一方、天台の論議には形式

論理学の法則を守らない場合がしばしば存するのである。もっとも後で見るように、この形式論理学の法則を守らないことにはそれなりの意図が存するのである。

ともあれ竜樹の『中論』における中道とは、言葉を越えた空性を悟った者が、その体験を言葉によって語りながら他者を導く場面をいう。要するに、仮説とは悟った者の言語表現であり、中道とは仮説を働かせる場面をいうのである。したがって、『中論』では仮説と中道とはほとんど同じ意味なのである。

以上のように考えるならば、『中論』においては縁起から空性へ、空性から仮説・中道へという一本の道筋を読みとることができる。この道筋は、表現を変えるならば、俗なるものである凡夫の行為を否定することにより、聖なる空性という目的に到達し、その後、聖化された俗なるものの世界に住むという道である。

3　天台教学の新解釈

以上、『中論』における縁起、空性、仮説、中道の関係を竜樹自身の理解に即して考察してみた。では、天台ではかの四つの概念はどのような関係にあるのか。われわれは天台においては縁起は（一）空性（空）であり、（二）仮説（仮）であり、（三）

中道（中）であると解釈されたことをすでに見た。

天台の三諦（空、仮、中）の間の関係は、竜樹自身の意図と比較するならばかなりの相異がある。まず、天台では「空」と「仮」とは「真」と「仮」として捉えられた。したがって、「仮」は悟った者が語る言葉や見る現象世界のみではなく、凡夫の発する言葉や見た世界をも含むのである。真実そのものではなくそれを仮に言葉にしたという意味で、天台では教えも「仮」に含まれるのであり、凡夫の言葉なども「空」という真理から見れば「仮」であると考えられる。

天台において「空」は無というよりは根元という意味の方が強い。さまざまなものの形や働きがそこから現れてくる根本を空という。その根本においては、それぞれのものの形や働きは見られないという意味での「無」ではあっても、もろもろのものの元は存する、と考えられる。「空」に至るならば、それぞれのものはその形や働きを鎮めて根本の「空」に帰入するのである。その根本を天台大師智顗は「如」という語によって説明している。「如」とはもろもろのものの本然のすがたをいうのであって、「無」というよりはむしろ「有」なのである。

天台教学において、「中」とは、「空」と「仮」との調和をいう。つまり、根元としての「空」と、そこから現れてきた現象としての「仮」が矛盾することなく成立している状態を指すのである。竜樹にあっては「仮説」と「中道」とはほとんど同じことであったが、天台にあっては「仮」の意味と「中」のそれとの間には大きな開きがある。

以上、天台における「空」「仮」「中」のあり方を見てきた。要するに、「空」から形や働きが現れるとき「仮」となり、形や働きが隠れるならば「空」といい、この両者が融和している事実を「中」というのである。

天台では「三諦円融」という表現は「仮のまま空、空のまま仮、仮のまま中」という意味であると説明されるが、「まま」という語の意味は明白ではない。「三諦それぞれが他の諦を含む」ともいわれるが、それぞれが他を含むあり方というのも、少なくとも形式論理的には理解困難である。

すでに述べたように竜樹の『中論』では、縁起→空性→仮説・中道という行為の道筋を読みとることができた。しかし、天台においては少なくとも、「三諦の偈」の理解から実践行為の道筋を読みとることはできない。天台大師智顗の教学は、根元たる「空」と現象たる「仮」の理論的側面にのみ関わったのであって、俗なるものを否定して空性へと至る実践には沈黙していたのであろうか。

もちろんそのようなことはない。彼も空性という目的に向かって、修行という手段を用いて歩む実践を考えていたのである。ならばなぜ智顗は俗なる世界を否定して、空性に至り、そして俗なるものの聖化された世界に住むというような理論を展開しなかったのか。この問いに答えるためには天台教学全体の仕組みを見なければならない。

4　天台における時間の逆転

天台教学では、すべての経典は釈迦（ブッダ）が一代で説いたものと考えられ、悟りを得た後の涅槃に至るまでの布教生活を五つの時期に分ける。その五時期に説かれた教えは、その説き方と内容から区別して「八教」といわれるが、この八教は、説き方から区別した四教《しきょう》（化儀《けぎ》の四教）と、その内容から区別した四教（化法《けほう》の四教）とに分かれる。今のわれわれの考察にとって直接、関係があるのは後者である。化法の四教とは次の四つの教えである。

（一）大乗以前の空の教え。例えば、『阿《あ》含《ごん》経』『倶《く》舎《しゃ》論』などに見られる「無我」の教え。

（二）小乗および大乗に共通に見られる空の教え。「ものの当体は空である」という見方に基づいた教えである。諸経典に散在する教えであって、特定の経典というわけではない。

（三）純粋に大乗的な教えであり、第一および第二の教えは「空」に片寄りがあったが、ここでは「仮」に焦点があたっている。例えば『華厳経』である。

（四）「空」と「仮」との両者つまり、他のすべての教えの円融を示す教え。つまり『法華経』である。

第一の教えは、究極的な教えを表に出すことをしないで内蔵しているという意味で「蔵教《ぞうきょう》」と呼ばれる。第二は小乗および大乗に共通した教えであるゆえに「通教《つうきょう》」という。第三は小乗とは区別され、純粋に大乗的であるという意味で「別教《べっきょう》」と呼ばれ、最後の第四は「空」の教えと「仮」の教えの円融、小乗と大乗の円融を説くという意味で「円教《えんきょう》」と伝統的に呼ばれてきた。

従来、天台においては『中論』三諦の偈の四句それぞれは、今述べた四つの教え（化法の四教）それぞれを指していると考えられてきた。すなわち、第一句の「因縁より生ずるところの法」は第一の教え（蔵教）を、第二句の「我れ是れを即ち空と説く」は第二の教え（通教）を、「亦是れ仮名と為す」は第三の教え（別教）を、「亦是れ中道の義なり」は第四の教え（円教）を指すといわれてきた。

さて、天台教学にあっては、第一の教えは「空」に関わっているのではあるがまだ充分ではない。第二の教えにも「空」への片寄りがある。第三の教えでは第一、第二の教えにおけるような「空」への片寄りはない。第三の教えにあっては、俗なる世界としての「仮」から聖なる悟りとしての「空」に進み、「空」から聖化された世界としての「仮」の世界へと進むプロセスが考えられている。これは竜樹の思想にも見られた構図であった。しかし、天台教学にあっては、このような階梯を重要とする考え方は第四の教えより一ランク低いものなのである。つまり、天台にあっては「三諦円融」なのであるから、一つのあり方（諦）から他の諦へと移行するということはないのである。換言すれば、「空」も「仮」も「中」も一時点において融合している必要がある。

このような考え方からは行為は生まれない。すでに述べたように、行為には現状認識と目的と手段という三要素があり、手段を用いて目的を得ようとする場合には必ず時間の幅が必要であった。天台のように行為をするための時間の幅を認めない考え方にあっては、悟りを得るための実践さらには歴史をどのように考えるのであろうか。

われわれは今、宗教行為の有するもっとも本質的な局面に接している。というのは、宗教行為、特に個人の精神的救済を求める実践にあっては、実践のある段階において目的を求めること自体を放棄せねばならないのである。それは宗教実践そのものを止めてしまうというのではない。あくまで悟りとか救いとかを追求するのではあるが、「悟りを得よう」という目的意識がある限り悟りは得られないのである。

悟りを求める行為が行われており、目的としての悟りは未来にあると実践者たちは信じている。手段を用いて行為が目的を追求する限り、手段の先に目的があると考えられる。しかし、手段を用いて目的を未来に追う限り、悟りの瞬間はやってこないのである。どこかの時点で、つまり、実践がある程度の時間なされたところで、時間を逆転させるとき、目的は突然に実践者に訪れる。悟りあるいは救いは、宗教実践にとってもっとも大切なものである。そのもっとも大事なものを捨てることが、宗教実践における自己否定なのである。

天台教学において「仮」から「空」へ、「空」から「仮」へ、そして「中」へと階梯を踏んで進もうとする第三の教え（別教）が「次第の三諦」と呼ばれて第四の教え（円教）より一段低いものとされたのは、今述べたような「時間の逆転」が明確に示されていなかったからであろう。

宗教行為における「時間の逆転」は単に個人的宗教行為にのみ見られるわけではない。ある宗教的伝統が自らの神話に基づいて祭りや儀礼を行うときにも「時間の逆転」が見られる。神話に登場する神あるいは聖者の行為が祭りなどで演じられる際には、その祭りに参加した人々にとって時間は日常の流れとは逆になっているのである。

しかし、天台の思想が近代的な意味の歴史観に対して何を提示し得るかは今後の問題であろう。目的あるいは成果を効率よく達成するための合理的な手段を追求する今日のあり方に対して、天台の思想は「時間の逆転」という観点から建設的な批判をすることができるはずである。空思想の有する自己否定の思想的意義がここに存すると思うのである。

第12章　中国仏教における空(二)——華厳仏教と禅

1　華厳の大成者法蔵

天台宗と並んで中国仏教第三期の隋唐時代に興隆し、中国人独自の思想体系を有するものとなった宗派に華厳《けごん》宗がある。天台宗は『法華経』に基づいているが、華厳宗は『法華経』と同じく初期大乗仏典の一つである『華厳経』に基づく。『華厳経』が初めて中国語に翻訳されたのは、東晋の仏駄跋陀羅《ぶつだばだら》（三五九〜四二九）によってであった。

この経典は一と多、特殊と普遍、現象と本質といった、一般に存在すると考えられている区別が究極的立場においてはすべて円融していると述べている。「空」と「仮」との円融を強調したのが天台仏教であったが、華厳仏教は一と多、部分と全体、特殊と普遍などの円融を主張した。根元的な何ものかの存在を認めており、その根元的な何ものかが場面に応じてさまざまなすがたを現すと考えているところでは、この二つの宗は共通している。インドの空の思想において、空性が実体視されることは意識して避けられたのであるが、天台や華厳の仏教においては空性はある種の実体あるいは根元とみなされるようになった。

華厳宗の初祖は杜順《とじゅん》（五五七～六四〇）といわれるが、彼を初祖とするか否かについては異論がある。第二祖は智儼《ちごん》（六〇二～六六八）といわれるが、彼は有名な『華厳経』注釈である『華厳経捜玄記《そうげんき》』を著した。彼の弟子である賢首大師《げんじゅだいし》法蔵《ほうぞう》（六四三～七一二）が第三祖となるが、華厳教学を大成したのはこの第三祖である。七世紀末にコータン国からシクシャーナンダ（実叉難陀《じっしゃなんだ》）が渡来して『華厳経』八〇巻が新しく訳されたときには、法蔵はその訳業に参加している。この華厳教学の大成者には、『華厳経』の注釈書『華厳経探玄記《たんげんき》』や華厳教学綱要書『華厳五教章《ごきょうしょう》』、さらには『般若心経』に対する注釈『般若心経略疏』などの著作がある。

2　「色即是空」の華厳的解釈

法蔵著の『般若心経略疏』に述べられる空に関する考え方を見てみよう。玄奘訳の

『般若心経』に次の有名な一節がある（一〜四の番号は説明の便宜上、筆者が付けた）。

（一）色不異空（色は空に異ならず）
（二）空不異色（空は色に異ならず）
（三）色即是空（色はすなわち是れ空なり）
（四）空即是色（空はすなわち是れ色なり）

法蔵は『般若心経』のこの一節を注釈するにあたって、色と空との関係を二つの方向によって考える。二つの方向とは、「空をもって色をのぞむ」つまり「空の観点から色を見る」という方向と、「色をもって空をのぞむ」つまり「色の観点から空を見る」という方向とである。法蔵は第一の「空の観点から色を見る」中に次のような四つの場面を設定する（『大正蔵』第三三巻、五五三頁）。

この際、彼は自（自分）と他（他者）という補集合的、つまり「合わせれば全部となるような関係」に配分された二つの項を「空」と「色」に対応させて考える。その上でまず、自を否定する場面を考える。ここで、自の否定は他の肯定を含意している。「自」とは空のことであり、「他」とは色を意味する。したがって、自である空を否定することによって、他である色が成立することになる。空を「自」として、色を「他」として考えることを「空の観点から色を見る」立場と呼んでいる。

このような「自である空が否定されて他である色が成立する」第一の場面は、先ほど引用した玄奘訳『般若心経』の四句のうち、第四句の説明である。法蔵はこの場面を注釈して「空、隠《かく》れる也」という。空が隠れて、すなわち否定されて色が表面に出てくる。これが第一の場面である。

第二の場面では、他である色が「眠る」すなわち隠れる一方、自としての空が現れる。法蔵によればこの場面が『般若心経』の第三句にあたる。

第三の場面は自と他つまり空と色が共に成立する場面である。『般若心経』の第一～第二句がこの場面を語っていると法蔵は考える。このように法蔵の注釈によれば『般若心経』の四句のうち、最後の第四句「空即是色」が第一の場面を、第三句が第二の場面を、第一～第二句が第三の場面を語っているのである。

第四の場面は自他が共に「眠る」場面である。この第四の場面を語っている句は『般若心経』には直接述べられてはいないが、この場面は『般若心経』の言外に意図されており、しかもそれが究極的な場面である、と法蔵は考える。また彼は、第四の場面が究極のものであるゆえにそれ以前の三つの場面は否定さるべきものであるとは考えていない。彼によれば、それら四つの場面がそれぞれの価値を有するのである。

要するに法蔵は、空が隠れてつまり否定されて色が現れる場面が第一、色が隠れてあるいは眠って空が表面に出る場面が第二、色と空の両者が現れる場面が第三、そして両者とも眠る場面が第四、という四場面によって空と色との関係を説明しているのである。

すでに述べたように、この四場面は空が自、色が他と考えられた場合であり、これらは「空の観点から色を見る」という第一の方向に従って考察を進めた結果である。第二の方向である「色の観点から空を見る」際には、色が自、空が他として考察が進められるのである。

しかしながら、法蔵の体系にあっては「空の観点から色を見る」方向と「色の観点から空を見る」方向との間に大きな違いはない。ここでは、「俗なる」色から「聖なる」空（空性）へ至るヴェクトルと、「聖なる」空から「俗なる」色へと帰るヴェクトルとの違いというような実践のヴェクトルの差異はほとんど考えられていない。そもそも華厳哲学にあっては空と色との間に聖なるものと俗なるもの、あるいは悟りと迷いというような区別があるとは考えられてはいないのである。

法蔵が『般若心経』を注釈するにあたって、「隠れる」とか「眠る」という表現を用いていたことに注目したい。これは法蔵が、空も色もある根元的な存在の様態と考えていたことを示している。法蔵のみならず華厳教学一般においては、空と色が相反するものであるかのような様態を見せてはいるが、この「相反する」姿を情況に応じて顕わにして見せる根元的なものの存在が許されているのである。この根元的なものは法界《ほっかい》と呼ばれる。「法」とはもろもろのものであり、「界」とはここでは本質を意味する。だが「法界」という語は、もろもろのものが有する本質を意味するのではなく、もろもろのものに他ならない本質を意味すると思われる。ここにわれわれは、基体としてのものに基体とは異なった本質が存するというのではなく、基体とその上に存する本質あるいは属性の区別がほとんどないというインド型唯名論の考え方を見ることができる。

このように華厳の教学は、インド仏教と同様唯名論的立場に立ってはいるが、インド中観派の考え方とは根本的に異なっている。すなわち、インドの中観派の場合と違って、華厳教学では属性や運動などが存する基体の存在が認められているのである。空や色が隠れたり現れたりする根底の存在が認められていなければならない、と華厳仏教では考えられる。法界と呼ばれるこの根底は、それは要するにもろもろのもののことである。それは空や色の背後に姿を見せないで世界と離れて存在する実在ではない。生じたり消滅したりしている眼前のもろもろのものが華厳哲学の考える法界なのであり、それは誕生や消滅の基体なのである。さらにそれらのものは「聖なるもの」としての価値を帯びている。

生滅の基体であり「聖なるもの」としての価値を帯びたもの、それではまさにヒンドゥー教の神と同じではないか。このかぎりにおいては、われわれは華厳教学がヒンドゥー教の神学と似ているといわざるを得ない。もっともヒンドゥー教の神と中国仏教の空あるいは無とが同一のものというわけではないが、インド仏教における空と中国仏教における空とは、従来考えられていたよりも異なったものであるということができよう。

3 華厳における因果関係

以上述べたような華厳哲学の立場を明白に表しているもうひとつの箇所を、法蔵著の『華厳五教章』に見てみたい（湯次了栄『華厳五教章講義』百華苑、一九二七年、五三七頁）。この書は華厳仏教のみならず仏教一般の綱要書として中国、日本において用いられてきた。

この書の中で法蔵は、初期唯識の論書である『十地論《じゅうじろん》』（世親著）から次のような箇所を引用している。もっとも法蔵の引用は現在残されている漢訳の『十地論』の表現とはやや異なっているが、論理構造は同じである（『大正蔵』二六巻、一七〇頁中参照）。

（一）縁不生　自因生故（縁より生ぜず。自という因より生ずる故に）——不他生句
（二）因不生　縁生故（因より生ぜず。縁より生ずる故に）——不自生句
（三）不共生　無知者故作時不住故（共より生ぜず。知る者なき故、作時に住せざる故に）——不共生句
（四）不無因生　随縁有故（無因より生ぜず。縁に随《したが》って有る故に）——不無因生句

ここには、ものが生ずるならば、自よりか他よりかであるという前提がある。さらに、ここで自と他とは補集合的関係にある。つまり自でもなく他でもない第三者はなく、自でも他でもあるものも存しないのである。そしてここでは「自」とは「因」（原因）の意味に、「他」とは「縁」（条件）の意味に用いられている。「知る者」と

は、行為者つまり、共より生ずる者を意味する。「作時」とは生ずる行為が行われる時間のことである。

右の『十地論』の四句は、中国および日本では伝統的にそれぞれ「不他生句」（ものは他より生じない、と述べる句）、「不自生句」（ものは自より生じない、と述べる句）、「不共生句」（ものは自と他の両者より生じない、と述べる句）および「不無因生句」（ものは無因より生じない、と述べる句）と呼ばれてきた。『華厳五教章』に引用された前半の二句は『十地論』の順序と入れ替わっているが、ここでは説明の便宜上『十地論』の順序によっている。

これらの四句の内容は次のように言い換えることができよう。

第一句―〔もの（x）は〕自である原因より生ずる故に、他である縁（条件）より生じない。

第二句―〔もの（x）は〕縁（他）より生ずる故に、因（自）より生じない。

第三句―〔もの（x）は因と縁との〕両者より生じない。〔両者より生ずる〕者もなく、〔両者より生ずるという〕動作の時間に留まることもできない故に。

第四句―〔もの（x）は〕無因より生じない。〔もの（x）は〕縁にしたがって存する故に。

第一句では「自より生ずること」が「他より生じないこと」の理由となり、第二句では「縁（他）より生ずること」が「自より生ずること」の理由となっている。この場合、第一句で肯定されている「自より生ずること」が第二句では否定されており、第二句で肯定されている「他より生ずること」が第一句では否定されている。したがって、第一句と第二句が共に真であることはない。『十地論』にあっては、第一句および第二句は異なる時間におけるあり方を述べていると考えられる。『十地論』の著者世親は、すでに述べたように、アビダルマ哲学の大成者であるとともに唯識思想の確立者でもあった。竜樹から二世紀ほど後に生まれた彼は、『十地論』の内容から見る限り竜樹とはかなり異なった考え方を持っていた。『十地論』の、第一〜第二句の内容は、竜樹の『中論』および彼の後継者であるインド中観派の者たちの著作には見られることがないものである。竜樹の『中論』第一章一偈を再び見てみよう（本書第5章5節参照）。

もろもろのものは（中略）

自からも、他からも、自他の二からも、さらに無因からも、
生じたものとして認められない。

『中論』にあっては、ものは自、他、共、無因のいずれよりも生じないと述べられている。自より生じない理由として「他より生ずる」と述べられることはない。同様に「他より生じない」理由として「自より生ずる」と述べられることもない。『十地論』と『中論』との違いは、第四句の解釈に際立っている。『十地論』の第四句「無因から生じない」には「生ずるからには原因や条件が必要である」という含みがある。一方、『中論』第一章一偈に「無因からも生じない」という場合には、「自より、他より、共より、あるいは無因より生じない」という四ケースのうちの一ケースとして、「無因より生ずる」可能性を否定しているのみである。このように竜樹の空の思想にあっては「否定の手」はものが生ずる際の四つのケースすべてに伸びていくのである。

さて、法蔵は『華厳五教章』において原因（因）と条件（縁）との関係を考察しているが、原因に力があるか否か、条件を必要とするか否かによって次のような四つのケースを考え、さらに『十地論』四句のそれぞれに対応させる。

『十地論』　　　　　　　　　『華厳五教章』

第一句　（一）原因（因）が有力であり、条件（縁）を必要としない。
第二句　（二）原因が無力であり、条件を必要とする。
第三句　（三）原因が無力であり、条件を必要としない。
第四句　（四）原因が有力であり、条件を必要とする

第一のケースでは、原因（因）が有力で作用する故に原因（自）より生じ、条件（他）を必要としないので他より生ずることはない、と考えられている。これが『十地論』第一句「不他生句」の意味であると法蔵は解釈する。第二のケースでは、原因が無力で、ものは自より生じないが、条件を必要とする、すなわち他より生ずる。これが第二句「不自生句」の意味である。第三のケースでは、原因が無力、すなわちものは自より生じなくて、さらに条件を必要としない、すなわち、他より生ずることもない。このケースは『十地論』では「不共生句」なのであるが、法蔵はこのケースに関しては「原因（因）の意味が成立しない」と述べている。

第四のケースに関する法蔵の解釈は、『十地論』第四句の内容とまったく異なる。

『中論』第一章一偈における「ものは無因より生じない」というケースに関する竜樹の理解とも異なる。つまり、法蔵は第四ケースにおいては、原因（自）が有力であるから他より生ぜず、さらに条件を必要とするのであるから自より生じない、と考える。この「他より生じない」と「自より生じない」を合わせて第四ケースを「不共生句」と呼んでいる。法蔵は『十地論』の第三句「不共生句」を「因の意味が成立しない」ケースであるとし、第四句を「不共生句」と名づけている。

では、法蔵の体系の中では『十地論』の第四句「不無因生句」は存在しないことになるのか。法蔵は第一から第四までのケースをまとめて「不無因生句」と呼んでいる。つまり、無因より生ずるのではなく、原因や条件より生ずるそのあり方を四句全体で表現しているというわけである。

法蔵の『般若心経略疏』においても「自と他つまり空と色が共に眠る」第四の場面は、『般若心経』に直接述べられていなかったが究極的な場面とされた。同じように、『華厳五教章』において第四の「不無因生句」は四つのケース全体を指すものとされた。

『十地論』の四句と『華厳五教章』の四句との関係は次のように図示できる。

	『十地論』	『華厳五教章』	
第一句	不他生句	不他生句	不無因生句
第二句	不自生句	不自生句	
第三句	不共生句	（原因の意味不成立）	
第四句	不無因生句	不共生句	

法蔵にとっては、ものはどのような仕方によってであれ、ともかくも生ずるものなのである。すでに述べたように、自と他とは補集合的関係にある故に、ものが生ずるならば、自か他かのいずれかより生ずるはずである。自他共より生ずることはあったとしても、自よりも他よりも生じないとは法蔵にとってはありえないことであった。『中論』第一章一偈には「ものは自と他の両者（共）より生じない」つまり「自よりも他よりも生じない」と述べられていた。『十地論』においても「共より生じない」というケースは成立すると考えられていた。そのようにインド仏教にあっては「ものがどのような仕方においてであれ生じない」ということを認めるのであるが、法蔵のみならず華厳仏教においては、ものの生ずることがともかくもなくてはならないと考えられる。

『十地論』に基づいて考えられた四つのケースは、それらが同時に真であると華厳仏教では考えられていない。例えば、第一句が真である場面と第二句が真である場面を同時に考えているわけではなくて、一つの根元的な何ものかの異なった様態と考えているのである。このような考え方は、竜樹の空の思想とはかなり異なったものであった。竜樹は原因結果関係そのものを否定しようとしていたのであるが、法蔵をはじめとする華厳の思想家たちは原因結果関係を守ることによって空を主張しようとしたのである。

4　中国禅の求めるもの

仏教が中国に伝えられた後漢の時代から、「禅法」と呼ばれる初期的な禅の行法が行われていた。中国の禅法は後漢の安世高《あんせいこう》に始まるといわれるが、当時の行法はまだ明確なプログラムを持っていなかったと思われる。羅什が長安に来たとき、中国の禅修行者であった僧叡は彼に禅に関する経典の訳出を依頼したという。その求めに応じて羅什は『坐禅三昧経』『禅法要解』などを訳し、中国における禅法の確立に寄与している。羅什系統の禅法はその後、道生や慧観などによって発展したが、この系統が後世の中国の禅に直接発展していったわけではなかった。また、北魏の仏陀禅師などによってまた別の禅法の伝統が生まれたが、この伝統も後世、中国禅として発展したものとは別の系統であり、やがて消滅していった。

羅什や仏陀禅師などの系統とはまったく異なる伝統をうち立てたのは、ボーディダルマ（菩提達磨《ぼだいだるま》　?～五三二頃）である。彼はインド出身ともペルシャの人ともいわれるが、その生涯はよく分かっていない。五世紀末までには中国に来て、数十年の長きにわたって中国において禅を伝えたと考えられる。彼の伝えた禅が後世の中国禅宗の礎となった。彼の弟子に慧可《えか》（四八七～五九二／五九三）などがおり、この慧可が禅宗第二祖を継いだ。第五祖弘忍《こうにん》（六〇二～六七四）の弟子に慧能《えのう》（六三八～七一三）と神秀《じんしゅう》（?～七〇六）がいる。前者から南宗、後者から北宗が生まれて、禅宗は二派に分かれた。行法の実習を主要な関心事とする禅宗には、その理論的基礎を他の宗の理論に求める傾向があるが、ボーディダルマの伝統は一般に、特に北宗禅は、華厳教学からその理論的基礎を引き出そうとした。北宗はまもなく勢力を失ったのであるが、南宗の法の伝統は延々と続き、宋以後の第四期「民衆浸透の時代」においては、浄土宗と並んで中国仏教を代表する宗派となった。宋の時代に中国に渡った道元も南宗の伝統を受け継ぐひとりであった。

第五祖弘忍の弟子である慧能と神秀とから禅宗が二分したことはすでに述べたが、この二人の考え方の違いを示すものとして従来、鏡の例えがしばしば引用される。神秀は次のようにいう。

この身体はそのまま〔その下で釈迦が悟ったという〕菩提樹であり、
心は鏡台のようだ。
時々に勤めて払い、塵のつかないようにすべきだ。

これを知った慧能は次のように答えた。

菩提（悟り）は樹によったわけではない。
鏡は台などではない。
本来無一物なのだ。どこに塵がつこうか。

北宗の神秀は、心には清らかな面と汚れている面とが存在しており、真の心に目覚めると清らかな面のみになるので、そのために煩悩などの汚れた面を払う必要があると考えた。これに対して南宗の慧能は、心も煩悩もそもそも存在しないゆえに塵などのつく場所もなく、また塵も存在しないという。後世の中国の禅宗は南宗の伝統に属し、今引用した慧能の詩句に表現されたような考え方を守ってきたといえよう。

心も悟りもなく、本来無一物。このような考え方には、二種類の極端に走る危険性がある。一つには、何ものも存在しないことを強調する原理主義的な否定的態度に陥ることであり、二つ目には、現前の世界はすでに完成し円満なる世界であるゆえにいかなる宗教実践も必要ないとする楽天的態度にみちびかれてしまうことである。実際、そのような極端な立場に立った禅僧たちが存在した。

ボーディダルマや慧能が歩もうとした道は、どちらの極端にも陥らず、しかも身体があるとか心があるとかを問題にすることもなく、塵を払うための時間もなく、何のとらわれもなく「無心でいる」といったあり方だったと思われる。「心に塵がある」という表現を用いた途端、この表現つまり言葉はわれわれをその心から遠ざけてしまう。さらに「心に塵が」という言葉が用いられた瞬間に、われわれは心、塵、あるものに他のものが存在することなど複数の項とそれらの間の関係によって形作られる構造体を考える。しかし、複数の項や関係によって組み立てられた複合体に関われば関わるほど、われわれはものの本当の姿を見ることはできない。少なくとも禅宗の人々はそのように考えた。

ものの本当の姿を見るため、あるいは「それになる」ため、さらに厳密にいうならば「ものである」ためには、われわれは言葉からできる限り離れなければならない。「それになる」という言葉も不要だ。「それ」というのみで充分である。否、「それ」という言葉を発するために必要な時間は、ものからわれわれを遠くに引き離してしまう。

では、どうすればよいのか。「ある」とか「ない」といった判断をせず、ものの名前を呼ぶこともせず、「心」という観念を持つこともなく、静かに息づくのである。それが禅宗の求める空なのである。もっともこのような体験を得るのは、幾年にもわたる厳しい修練があってはじめて可能なことであろう。禅の求める境地は、精神の弛緩した無緊張の状態ではけっしてないのである。

「本来無一物」という。しかし、禅宗はインドの中観派の思想家たちが考えていたような空あるいは無を求めていなかったように思われる。つまり、「心」とか「塵」とか呼ぶこともできないのは、心や塵がまったく存在しないからなのではなくて、反対に言葉を用いてそれらに呼びかける必要のないほどに近くにそれらのものは存在しているからなのである。われわれはそれらの存在に押しつぶされて生きている。というよりも、われわれはそれらの存在そのものなのである。そして、それらの存在は否定さるべき「俗なるもの」としての世界ではなく、その存在が肯定される「聖なる」世界だと考えたのである。

5　中国仏教の独自性

中国仏教の歴史は実に古い。後漢の時代に中国に仏教が導入されてからおおよそ二〇〇〇年である。現在に至るまで仏教が中国において生きていることを思うならば、この二〇〇〇年の歴史は仏教誕生の国インドにおける歴史よりも古いとさえいうことができる。

ところで、中国の仏教は、インドの仏教とかなりの時間を共有したにもかかわらず、誕生の国の仏教とは大きく異なる内容のものであった。チベット仏教とインド仏教との差異は、中国仏教とインド仏教との差異に較べるならば小さなものだ。チベット仏教徒、特にゲルク派の人々は驚くほど忠実にインド仏教を理解し、実践しようとした。ゲルク派の空の理解は、すでに考察したように、初期中観派の考え方からやや異なっていたとはいえ、やはりインド的コンテクストの中で考え出されたものであった。それに比べ、中国仏教の思想や実践は中国人独自の考え方を仏教の用語に載せて表現したものなのである。

そもそも中国に仏教が導入される「伝来の時代」には、この異国の思想を中国人たちは、それまで自分たちが接したこともないような斬新な思想あるいは文化として受け入れるというよりは、老荘思想の「無」に近いものとして受け入れたのである。老荘思想においては、この世界を成立させている根元的な存在が許されている。それは形もなく、色もなく、触れることもない等の理由によって、しばしば「無」と表現された。「無」とはいうが、それはインド中観派が考えたような「空」あるいは「無」ではなく、むしろ現象世界のさまざまな変化を生ぜしめる根底としての有力なものであった。このような古代中国の「無」の考え方は、中国仏教における「空」の理解に対しても大きな影響を与えた。

中国の仏教はその後「定着の時代」を経て、隋唐における「成熟の時代」に入るのであるが、この第三期「成熟の時代」における代表的な宗派としてわれわれは天台宗、華厳宗、および禅宗の思想を概観した。これら、天台、華厳、禅の三宗は、インド大乗仏教の伝統を受け継いでいる側面ももちろん有するのではあるが、インド仏教には見られなかった中国人独自の思想と実践方法であるという側面を強くもつ。

天台宗では、「空」と「仮」とは、縁起すなわち世界の二側面と考えられた。天台教学においては、「縁起は空である」という側面が認められるのではあるが、この側面は「縁起は仮である」というもう一方の側面とセットになっている。この場合、空であったり仮であったりする縁起そのものは、天台では存在するものなのである。このような考え方はインド中観派には見られない。

華厳教学の大成者である法蔵にとって、世界は縁起の理法によって成立しているものであり、縁起は原因結果関係に基づいているものであった。したがって、ものが生ずるには必ず原因あるいは条件がなくてはならなかった。また法蔵にとってこの世界のもろもろのもの、つまり法界は存在するものなのである。もちろん彼は「もろもろのものが空である」と認めている。しかし、それは、もろもろのもの（法界）に空という側面が存するという意味においてなのである。法蔵が『般若心経』の「色即是空」云々の句を解釈する場合、色と空とは自と他に、あるいは他と自とに対応させられていた。これは法蔵が空と色とを何かある第三者の二側面と考えたことを示している。つまり、色と空とが合わされれば、全体である何ものかの存在を認めているのである。このようなこともインド中観派には見られないことであった。

禅仏教の場合も、天台宗や華厳宗と同様に考えることができる。禅宗の人々は、眼前におけるもろもろのものが存在しないとは考えない。存在するとも考えない。存在あるいは非存在を問題にしなくてもよいほどに、禅宗の人々は存在の恵みを享受しているのである。

このように考えると、中国において仏教思想はインド仏教から驚くほど大きく変化したということができる。それは、唯名論的立場に立ちながらも、ヒンドゥー正統派の唯名論的立場にむしろ近いものであると思われる。これは中国において仏教が受容される際に、中国古来の思想を基礎として仏教が受け入れられたためであろう。中国人は眼前のものの存在を疑わない。彼らはものがあるところからすべてを始めるのである。このような態度は、当然のことながら日本における仏教の受容に関しても多大な影響を与えた。

第13章　日本仏教における空㈠——最澄と空海

1　日本仏教の誕生

日本に仏教が公式に伝えられたのは五三八年といわれる。それ以来今日に至るまで、仏教が日本文化を支える幾本かの支柱の一本であり続けてきた。日本仏教の歴史は、次のような五期に分けることができよう。

第一期　仏教伝来と奈良時代の仏教
第二期　平安時代の仏教
第三期　鎌倉・室町時代の仏教
第四期　江戸時代の仏教
第五期　明治以降の仏教

仏教伝来から七一〇年の平城京遷都までの時代を飛鳥時代と呼ぶが、この時代の仏教にとってもっとも重要な人物は、厩戸《うまやど》皇子つまり聖徳太子（五七四〜六二二）である。彼は高句麗僧慧慈《えじ》に就いて学び、『三経義疏《さんぎょうぎしょ》』（『勝鬘経義疏《しょうまんきょうぎしょ》』〔六一一年〕、『維摩経義疏《ゆいまきょうぎしょ》』〔六一三年〕、『法華義疏』〔六一五年〕）を著している。この三部作の著作はいずれも中国の注釈書に基づいたものであり、太子を中心としたグループが帰化僧慧慈たちの力を借りて作ったものであろう。

太子の選んだ『勝鬘経』、『維摩経』、『法華経』という三つの大乗仏教経典は、業《ごう》（行為）と煩悩《ぼんのう》を止滅させること、すなわち否定的禁欲的な生活態度を人々に薦《すす》めている教典ではなく、仏教経典の中では現世肯定的な態度を強く打ち出したものであった。このようないわば「在家的」態度が、後の日本仏教においても支配的となったのである。

奈良時代とは、平城京に都を移した七一〇年から七八四年までをいい、この時代の仏教を奈良仏教と呼んでいる。この時代の仏教は、律令国家体制の中で国家の庇護《ひご》と統制のもとにあり、「南都六宗《なんとろくしゅう》」と呼びならわされた。六つの「宗」とはすなわち三論宗《さんろんしゅう》、成実宗《じょうじつしゅう》、法相宗《ほっそうしゅう》、倶舎宗《くしゃしゅう》、律宗《りっしゅう》および華厳宗《けごんしゅう》である。

しかし、この場合の「宗」はいわゆる宗派を意味するのではなく、仏教研究の科目とでもいうべきものであった。第一の宗である三論宗とは、インドにおける中観派の伝統が中国に受け継がれたものである。第二の成実宗は『成実論』という部派仏教の論書を研究し、法相宗はインド以来の唯識派の伝統に基づいた。倶舎宗ではアビダルマ哲学の集大成ともいえる『倶舎論』が研究された。

このように奈良仏教にあっては、インドから中国に伝えられて定着した仏教が研究されたが、奈良仏教においても日本独自の発展がなかったわけではない。八世紀の元《がん》興寺《ごうじ》の僧侶智光《ちこう》は『般若心経』に対する注釈を著している。彼はこの注釈の中で唐の注釈家たちを批判しているが、彼の思想が日本における空の思想史を大きく書きかえるということにはならなかった（拙著『般若心経の新しい読み方』春秋社、二〇〇一年、二五九頁以下参照）。

七九四年に平安京に都が遷されてから、一二世紀末に鎌倉幕府が成立するまでの約四〇〇年が平安時代である。この時代の仏教の方向は、唐から帰国した最澄《さいちょう》と空海《くうかい》の二人によって決定された。というよりも、この二人によって真の意味の日本仏教が誕生したということができる。それはこの二人がインド・中国の仏教理論をただ学ぶだけではなく、自分自身の思考と感性によって世界を捉えようとしたからである。

最澄は中国天台の思想に、空海は密教に基づいた。二人が属する伝統は異なっていたが、二人とも眼前に展開される現象世界に対して、それぞれ奈良仏教の人々とは異なる考え方をしていた。すなわち、二人は世界を否定すべき俗なるものとは考えずに、肯定さるべき聖なるものと考えたのである。

このような考え方が南都六宗の中にもなかったわけではない。例えば、華厳宗には「聖化された世界」の思想がある。しかしながら、日本の華厳宗においては、当時はまだその側面が充分に開花していなかったのである。

日本における空の思想は、最澄と空海の二人によって「相転位《そうてんい》」つまり「水が蒸気に突然変化するような位態」に至ったと思われる。後の浄土教や禅仏教も、基本的にはかの二人によって質的変化をさせられた日本仏教の流れの中に存するのである。

鎌倉幕府は一二世紀末から一三三三年まで続くのであるが、次に足利氏が京都の室町に幕府を置いた室町時代がくる。鎌倉幕府の成立から一六〇三年の徳川幕府成立までの仏教を鎌倉・室町時代の仏教と呼ぶとすれば、この時代において日本仏教は開花した。最澄と空海によって誕生した日本仏教は、この時代に成熟したのである。その実は、八〇〇年を経た今日でもみずみずしい香りを放っている。このことは当時の仏教が人間の普遍性を鋭く見すえていた証左であろう。

この時代の仏教では浄土教、禅、法華経信仰が重要である。これらの宗派あるいは信仰において、「空」はもっとも頻繁に用いられる概念ではないかもしれない。しかしこの時代の仏教において、「空」の本質的側面は機能しているのである。その本質的側面とは徹底した自己否定である。

法然や親鸞の浄土教にあっては、自己否定の実践として「はからいを捨てること」が強調される。彼らの浄土教にあっては、世界の構造に関する知のシステムはほとんど問題にならなかった。念仏という実践を行うことは、世界の構造に関する理論がなくとも可能であったのである。そのような方法のほうが、当時の人々にとってより普遍性がある、と法然たちは考えた。世界にこだわることすら浄土教においては「はからい」なのである。このはからいを捨てることは、竜樹の空の思想でいうならば、言葉を否定していく作業であった。

浄土教と並んで鎌倉仏教を代表する仏教に禅宗がある。中国で禅を学んで帰国した道元もまた、自己否定の作業を続けた人であった。法然や親鸞と同様、彼もまた世界の構造に関する理論を構築しようとはしなかったが、彼は眼前に展開される現象世界には積極的に関わった。

その際、道元は世界の構造に関する精緻で整合的な理論を作りあげるという方向には進まなかった。そうではなくて、理論つまり言葉による考察とは反対の方向に向かったのである。それは前章において見たように、彼が中国に渡って学んだ中国禅の方法でもあった。言葉を介することなく直接にものに接すること、これは空の思想の基本的態度でもあったのだ。

道元の主著『正法眼蔵《しょうぼうげんぞう》』「現成公案《げんじょうこうあん》」の巻の第一行には次のようにある。

諸法の仏法なる時節、すなわち迷悟あり、
修行あり、生あり死あり、諸仏あり衆生あり。

「諸法の仏法なる時節」については、従来さまざまな解釈がなされてきた。特に問題となったのが「時節」の意味だ。この文句はしばしば「諸法が真理である時には」の意味であると解釈されてきた。しかし、おそらく道元は「諸法は真理そのものである時間だ」といっているのであろう。諸法は真理であり、それは時間なのである。「諸法は真理の姿を採り、時間の中にある」のではなく、諸法が真理であり時間なのである。

日蓮宗の開祖日蓮は、思想的には天台教学に基づいている。天台宗や日蓮が奉じた

『法華経』は、「すべての生きとし生けるものが仏となり得る」と説いている。この考え方は「すべての生類に仏性《ぶっしょう》がある」とする如来蔵思想とは区別されるべきであるが、すべての生類が仏となることが可能であるというかぎりにおいては如来蔵思想と共通している。如来蔵思想においては、仏性という浄なるものと煩悩等の不浄なるものとの区別がはっきりしているのであるが、『法華経』においては浄と不浄との区別はなく、すべてのものがいわば浄なのである。

以上、鎌倉・室町時代までの日本仏教を概観してきたが、日本仏教はインド仏教と較べるならば現世肯定的であるように思われる。以下、鎌倉・室町時代までの日本仏教を代表する者たちとして最澄、空海を選び、それぞれの考え方を簡単に見てみたい。

2　最澄と諸法実相

最澄は、中国の天台宗の教理と実践に基づいて実践と布教を行い、日本の天台宗の開祖となった。中国天台宗の思想は第11章で見たように、『中論』に代表される空の思想と『法華経』の精神との統一である。最澄によって開かれた日本天台宗は、最澄の後、密教の教理および実践形態をも自らのシステムに組み入れたために、「天台密教」とも呼ばれた。

日本天台宗の本山である比叡山延暦寺からは後世、実に多くの日本仏教の指導者たちが輩出した。例えば、法然、親鸞、道元、日蓮といった各宗の開祖がこの天台宗のセンターで学んでいるのである。つまり、最澄の開いた延暦寺はその後の日本仏教の方向を決定していったといえるであろう。

日本仏教のパイオニアの一人として最澄が行ったことのうち、もっとも重要なことの一つは、延暦寺に大乗戒の戒壇を建てる許可を朝廷から得たことである。もっともこの許可は最澄の死の直後におりたのであるが。ともあれ、日本仏教はその後、小乗仏教におけるように二〇〇以上の戒を守らねばならない比丘たちによってではなく、妻帯した僧たちによって支えられてきた。このような日本仏教の方向を最澄は見すえていたと思われる。

「諸法実相《しょほうじっそう》」という表現ほど最澄の思想を的確に語る言葉はないであろう。大乗戒の戒壇を延暦寺に建てようとしたことの根底には、この「諸法はそのまま実相（真実）である」という思想があったのである。

もろもろの法（ものやこと）が真実の相（あり方）そのものである、つまり諸法は実相なり、という考え方は、中国天台宗において提唱されたが、日本の天台宗にも伝えられ、やがて日本の仏教を代表する考え方の一つとなった。この考え方は天台宗の教理から生まれたのではあるが、インド大乗仏教の伝統を踏まえたものであった。

「諸法実相」という表現の出典は『法華経』の二章などに求められるが、中国天台宗における諸法実相の考え方は、第三祖智顗《ちぎ》がそれらの『法華経』の中のいくつかの箇所を自分の思想に合わせて解釈しなおしたものである。羅什訳の『法華経』二章には「唯、仏と仏のみ、すなわち能《よ》く諸法の実相を究《きわ》め尽くせばなり」とある。「諸法は実相なり」と述べているわけではない。しかし、元来、現象（諸法）と本質との間には根本的区別がないという考え方を基調として持ち続けてきた仏教は、天台教学という噴火口からその基調を「諸法実相」の思想として思想史の表面に打ち出したといえよう。

『法華経』のサンスクリット原典（紀元三世紀頃成立）と羅什（四～五世紀）の訳との間にも、すでに理解の違いがあるように思われる。「実相」という漢語にぴったりと合うサンスクリットはないが、羅什は自身の訳の中で、「諸法実相」に関連する箇所を自分で補強して訳している箇所が幾つかある（拙著『最澄と空海』講談社、一九九八年、一一三～一二六頁）。すなわち、天台智顗の教学の定礎はすでに羅什によって置かれていたのである。

『法華経』二章のサンスクリット文に見られる「諸法の実相」の「実相」にあたる語は、「ラクシャナ」(特質)や「スヴァバーヴァ」(自性)である。インドでは牛を定義するのに、「垂肉《すいにく》」(喉から垂れさがる肉)を持つものだ」というが、定義されるものに固有な存在物、この場合は、垂肉を「ラクシャナ」という。これは定義されるものの外見上のすがた、かたちに焦点をあてている相の概念とは別種の概念である。「スヴァバーヴァ」とはすでに述べたように、例えば火に存する熱さ、水に存する冷たさをいう。この語も今問題になっているものに内在する性質、本質をいうのであって、問題になっているものの全体的な相貌に焦点をあてているのではない。インド思想の中で外見上のかたちが問題にならなかったわけではないが、中国や日本におけるほど「相」は重要な概念ではなかった。

中国や日本では、日常一般においても「相」という概念がよく用いられる。手、顔、家、墓、土地などほとんどあらゆるものの「相」が問題となる。元来は特質、固有な存在物や特徴を意味した「ラクシャナ」等の語を、「相」の語で訳したところに中国的なものの考え方の片鱗が見られるのである。

「象」という漢字は、中国においてゾウという動物のすがた・かたち(相)をはっきりせぬままにかたどった文字だという。われわれの眼前にすがた・かたちをとって現れているものを、目に見えないものも含めて現象と呼んでいる。眼前に顕現するすがた・かたちあるものはやがて消滅する。生まれては消えていく現象の世界の奥に、あるいはそれを越えて常住不変の実在があるのではなかろうかと多くの人は考えた。かたちも香りも色もなく、眼では捉えられなくてもより確かな、より堅固な何かがあり、その確かなものに基づいてこのうつろいやすい現象世界がわれわれの眼に見えているのではないかという考え方は、インドに限らず広く世界の各宗教や哲学に見られた。

ユダヤ・キリスト教的伝統にあっては、一般的に現象と本質とが明確に区別された。それは神と人間とが明確に区別されたことと並行するものであった。一方、ヒンドゥー・仏教的伝統においては、その区別はそれほど明確なものではない。インド古代の宗教・哲学思想を代表するウパニシャッド（紀元前七〜前六世紀）は、宇宙原理ブラフマン（梵《ぼん》）はイチジクの実のかけらにも宿るという。『タイティリーヤ・ウパニシャッド』は「ブラフマンは食物、息、眼、耳等である」という。果実のかけらに宿るのみではなく、そのかけらがブラフマンだといわれたのである。このようにインドでは、宇宙原理が現象世界を越えたところに存するのではなくて、原理が現象に内在するか、あるいは現象が原理の構成部分となるという考え方が仏教以前に確立していた。宇宙原理を内在的に考えてきたインド思想は、西洋の哲学における現象と本質という対《つい》概念にぴったりと対応する対概念を有しない。

何度も述べてきたように、インド哲学思想の重要な軸としては、属性・運動（ダルマ）と基体（ダルミン）の関係がある。この思想軸は中国や日本の仏教にも受け継がれており、「諸法実相」の考え方も「ダルマ－ダルミンの関係」の観点から見ればより明快に理解できると思われる。

すでに述べたとおり、ダルマとダルミンとの関係に関して、ヒンドゥー教および仏教の理解は二種に大別される。すなわち、ダルマとダルミンとがそれぞれ独立した実在であり、両者の間には明確な区別があるとするインド型実在論の考え方と、ダルマとダルミンはそれぞれ独立した実在ではなく、両者の間には明確な区別はなく、時として不二の関係にあるとするインド型唯名論の考え方とである。インド哲学史の中で、実在論的考え方と唯名論的考え方とが抗争したことは事実である。インドの思想・文化全体としては唯名論的な考え方が支配的であった。仏教も全体としては唯名論的であり、この意味で仏教はインド哲学諸派のうち、最も勢力のあったヴェーダーンタ学派と軌を一にしている。

このようにバラモン正統派のヴェーダーンタ派などと仏教とは共にダルマとダルミンの厳密な区別を認めないのである。一方、ヴェーダーンタ派などではダルミンとしての神あるいは根本原理を実在と考え、仏教では一部の学派は別にして一般にダルマやダルミンの実体性を認めず、ブラフマンのような宇宙の根本原理の存在も認めない、という違いがある。つまり、ヴェーダーンタ派によれば、この現象世界は実在たる神や根本原理から派生したかあるいは顕現したものであるが、仏教、特に中観派や天台宗においてはダルミンは実在せず、現象世界はいわゆるダルマ（属性、運動等）の総体に等しいと考えられている。仏教一般においては、現象世界は色彩、香り、味、重さなどの属性（ダルマ）のあつまりなのであって、それらの属性の基体（ダルミン）は現象世界の構造の説明のためにはほとんど機能を果たしていない。このように法（ダルマ）の「奥に」実体としてのダルミンを認めず、さらに世界が現象として立ち現れていることに積極的な価値を置くとき、「諸法実相」の思想が成立するのである。

もしも属性・運動等の法も存在せず、それらの基体としてのダルミンも存在せず、世界が無にすぎないと考えられたならば、「諸法は実相である」という思想は育たなかったであろう。たとえリンゴのかたち、香り、味などがやがて消滅する定めにあっても、否それだからこそ、それらの法（現象）はそのものの真実のあり方（相）を示しているのであり、かたちや香りが無常であるからこそ、それらはわれわれ人間にとってかけがえのないものという諸法実相の考えが日本仏教の根底にはある。無では決してないのである。

このように『法華経』の「諸法の実相（特質）」という表現から出発した諸法実相の考え方は、時代を経るにしたがって「諸法は実相である」という思想へと発達した。この思想はいわゆるインド型唯名論のうち、ダルミン（属性の基本）の存在を認めない考え方を引き継いだものであったが、この思想はその唯名論的立場におけるダルマ（属性）に対して積極的肯定価値を与えた。それはユダヤ・キリスト教におけるような絶対神を持たない思想が、現象世界を聖化した結果でもあった。

「諸法実相」という考え方は、たしかに最澄にとってもっとも重要な考え方であったが、最澄自身はその著作の中でこの思想に関する理論体系を打ち出しているわけではない。この考え方の理論構築は彼の後継者たちにゆだねられた。しかし、最澄がその定礎を置いたことには疑いはない。今日のわれわれにとって重要なことは、最澄が重視したこの思想を如何にして現代思想へと作りかえるかということであろう。

3　空海とマンダラ

日本仏教史の中で、空海ほど世界について関心を払った人は珍しい。それは空海が密教を自分の思想としたことと関係している。つまり、密教は世界、特に現世に深く関わるのである。密教の最終的目的は、やはり実践者の自己の悟りである。密教は、自己の悟りを得るために、世界と自己との関係を視野に入れる。世界と自己とは本来同一のものであり、そのことの把握が悟りと直結している、というのが密教の考え方であるが、この考え方はインドが古代から持ち続けてきたものであった。

密教においては、このような観点から世界の構造が重視される。世界の構造をまず把握し、その後で、世界と自己との関係が問題にされるのである。この世界の構造を描いた図をマンダラと呼ぶ。また世界そのものもマンダラと呼ばれるのである。

空海はその著『即身成仏義』に次のようにいう。

六大無礙《ろくだいむげ》にして常に喩伽《ゆが》なり。(体)
四種曼荼《ししゅまんだ》各々離れず。(相)

三密加持《さんみつかじ》すれば速疾に顕わる。(用《よう》)

六大とは、地・水・火・風・空という世界の物質的基礎としての五要素と、識《しき》という心作用との総体をいう。それらが互いをさまたげることなく存在し、相即(喩伽)している。「喩伽」とはヨーガの行法のことであり、元来は心作用の統御を意味するのであるが、空海はヨーガの行法が行われた結果の状態、つまりすべての心作用が寂静へと導かれて調和を保った状態の意味に「喩伽」という語を用いているようである。この第一句は世界の本体(体)に関する空海の考え方を述べている。

第二句は世界のすがた(相)について語っている。六つの世界構成要素の組み合わせでできている世界はマンダラという姿をとって顕現しているというのである。「四種の曼荼(曼荼羅)」とは、ほとけたちのすがたを描いた大曼荼羅、ほとけたちが手に持つシンボルのみを並べた三昧耶《さんまや》曼荼羅、それぞれのほとけのシンボルとしての文字(種子《しゅじ》真言)を並べた種子曼荼羅、およびほとけたちの手の印相を特に描いた羯磨《かつま》曼荼羅の四つである。この四種はマンダラの描き方の観点からあげられたものであるが、注目すべきことは空海がマンダラを単なる絵図と考えずに、世界の相つまり姿を描いたものと考えていることである。空海は元来、山林修行者であり、樹木、川、山などの世界を自分の世界として捉えていたと思われる。彼が六大によって形作られるマンダラを考えたときには、彼は自分が歩いていた自然の世界をもマンダラの中に写しとっていたにちがいない。

第三句はマンダラの働きについて述べている。「マンダラの働き」とは、マンダラが悟りを得るに際してどのように機能するかということである。すでに述べたように、マンダラは自己と世間との仲介者として働くのである。マンダラとしての世界は六つの構成要素より成り立ってはいるが、人体のレベルにおいては「三密」すなわち、身体・言語・精神の三種の活動というすがたをとる。

「加持」とは元来は、聖なるものがその力を俗なるものに与えることをいうが、空海は聖なるものから俗なるものへの働きかけのみならず、俗なるものから聖なるものへの働きかけをも意味すると考えた。彼にとってマンダラとは聖と俗との相即の世界なのである。

マンダラを仲介者とする世界と自己の間の加持という行為は、時間の中で行われる。その行為は一定の方向をもつエネルギー量、すなわちヴェクトルとして把握できる。空海は聖と俗の相即を考えたが、修行階梯としては主に俗から聖への方向に注目する。

空海はその著書『十住心論《じゅうじゅうしんろん》』や『秘蔵宝鑰《ひぞうほうやく》』において実践者の心がたどる一〇の段階すなわち十住心を述べている。その十住心とは以下のとおりである。

第一異生羝羊心《いしょうていようしん》（雄羊のようにただ性と食のみを思う段階）

第二愚《ぐ》童持《どうじ》斎心《さいしん》（穀物が播《ま》かれて発芽するように、他の者に与える心が芽ばえる段階）

第三嬰童無《ようどうむ》畏《い》心《しん》（おさな子や仔牛が母に従うように、しばしの安らぎを得る段階）

第四唯蘊無《ゆいうんむ》我《が》心《しん》（ただもののみが存在することを知るが、我の存在は否定する段階）

第五抜業因種心《ばつごういんじゅしん》（すべてのものは因縁よりなることを体得して、無知を除く段階）

第六他縁大乗心《たえんだいじょうしん》（人々の悲しみをとり除きよろこびを与えようとする段階）

第七覚心不生心《かくしんふしょうしん》（すべてのものの消滅、去来などを否定し、ひたすら空性を観想する段階）

第八如実一道心《にょじついちどうしん》（すべてのものは清浄であって認識の対象も主体も融合している段階）

第九極無《ごくむ》自性心《じしょうしん》（水にはこれと決まった自体がないゆえに風にあって波が立つのみ

であるが、悟りの世界にはこれと決まった際がないと知る段階）

第一〇秘密荘厳心《ひみつしょうごんしん》（一般の仏教のように塵を払うのみではなく、宝庫そのものを開く段階）

これらの一〇の心のうち、第一から第三までは世間一般のあり方であり、第四、第五はいわゆる「小乗」の者のあり方である。すなわち、第四は声聞《しょうもん》（教えを聞いて悟る者）のあり方、第五は独覚《どっかく》（ひとり悟る者）のあり方である。第六は法相宗つまり唯識派にあたり、第七は三論宗つまり中観派を指している。第八は天台宗、第九は華厳宗、そして第一〇は真言宗の段階を指していると空海は考えている。

第一〇の立場が天台や華厳をどのように「超えている」のか。それは真言の立場が「空」の立場を含みながら、世界の存立に関して積極的な関わりを見せていることによる。つまり、聖化された世界に関する知のシステムを構築する可能性を秘めているからなのである。次の章で見るように、明治の時代になってこの十住心の思想は、日本仏教の近代化に大きな貢献をすることになる。

第14章　日本仏教における空(二)――仏教の近代化

1　日本仏教の衰微と再生

日本仏教は、室町時代半ばにしてその創造力を失ったのではなかろうか。六世紀に仏教が導入されて以来、ほんのわずかな時間で日本人は仏教思想を理解した。聖徳太子の『法華義疏《ほっけぎしょ》』などの著作がなされたことは、仏教導入以来、半世紀あまりの期間しかなかったことを考えるならば、奇跡という他はない。聖徳太子以後の日本には最澄、空海、法然、親鸞といった仏教者が輩出した。彼らの信仰あるいは思想は、今日の社会においてもみずみずしい生命を保っている。しかし、室町時代の後半以後の日本仏教にあっては、それ以前のように真に創造的な仏教者はほとんど出世していないのではないか。

江戸時代には、白隠《はくいん》とか良寛《りょうかん》といった人物が現れた。しかし、彼らは日本の仏教史を根本的に新しく塗りかえるといった人々ではなかった。一方、江戸後期から明治にかけては、神道系の宗派が勢力を持つに至った。天理教《てんり》、金光教《こんこう》、黒住教《くろずみ》などの神道系の新しい宗教が、近代日本社会の中でそれまでの伝統的仏教が持ち得なかった機能を果したのである。これらのいわゆる新宗教は、結婚し、子供を養育しながら社会の中で働く、といった一般の人々の生活規範のあり方に正面から関わった。天理教に特に顕著であるような社会への積極的参加の側面は、伝統的な仏教では弱い側面だった。

明治に入って、伝統的仏教は近代化への試みを行った。特に真宗の東本願寺系の人々の中では、清沢満之《きよざわまんし》をはじめとして多くの仏教思想家が現れた。清沢はヘーゲル哲学などをも視野に入れながら、それまでとは異なった方法で自らの信仰を自分の言葉によって他の人々に伝えようとしたのである。この彼の態度は、今日においても真宗のある人々には受け継がれている。真宗のみならず、浄土宗、禅宗、日蓮宗などの各宗派も、それぞれの立場から近代化を試みた時代が明治だった。

明治後期から第二次世界大戦後の日本における仏教思想の近代化は、先程述べた清沢満之の後継者である曽我量深《そがりょうじん》、金子大栄《かねこだいえい》、安田理深《やすだりじん》といった真宗の人々や鈴木大拙《すずきだいせつ》をはじめとする禅の伝統に属する人々などによっておし進められてきた。また昭和においては、西田幾多郎《にしだきたろう》、田辺元《たなべはじめ》などの京都学派の人々が、西洋哲学の方法を意識しながら仏教思想の近代的、現代的展開を試みた。この京都学派の試みはかなりの成功をおさめた。というよりも、現代の日本における仏教的伝統に基づく現代的思想は何かと問われたとき、われわれは西田哲学、田辺哲学のうちの仏教思想に関係する部分を指すことになるのである。同じく京都学派を代表した西谷啓治《にしたにけいじ》は、西田哲学の流れを受けている。欧米において「ニシタニ哲学」という語が用いられているが、これは西谷啓治の哲学が、日本以外の土地においても現代思想として認められていることを意味している。また現在、西洋哲学、宗教学の方法を意識しながら禅の伝統の解明を続けておられる上田閑照氏も、京都学派を代表する思想家である。

2　思想家井上円了

明治時代から大正にかけて、日本は仏教哲学に関わる思想家を生んだ。一八八七年、東洋大学の前身である哲学館を創設した井上円了《いのうええんりょう》（一八五八〜一九一九）である。

井上円了は一八五八年、真宗大谷派の寺院の子として生まれ、一八八一年には東京大学文学部哲学科に入学した。卒業後、大学に残ってインド哲学の文献学的研究をするという道を選ばず、官吏となることもなく、また真宗内部で活動してはどうかという東本願寺からの要請にも応じなかった。円了二七歳の時のこの決断は、彼のその後の活動の方向を決定した。彼は南条文雄のように梵語《ぼんご》文献の近代的研究を日本に根づかせようともしなかったし、清沢満之のように真宗の近代化に専念したわけでもなかった。彼は、仏教思想全体を自分自身のシステムによって捉えなおし、近代思想として仏教理論を再構築しようとしたのである。

円了は真宗の寺院に生まれたのではあるが、清沢満之のように阿弥陀仏への信仰に生きた人ではない。鈴木大拙のように禅の伝統に生きた人でもない。彼は日本に伝えられていたもろもろの仏教の伝統を、一つの近代的なシステムへと仕上げようとしたのである。彼のその作業の対象となった伝統の主要なものは、倶舎、法相（唯識）、三論（中観）、天台、華厳および真言の六宗であった。彼はこれらの六つの伝統を、彼が信ずる仏教の展開の歴史的原理に従って並べることによって、仏教思想を統一的なシステムにつくりかえようとした。少なくとも、そのような統一的原理が仏教の諸伝統の中に流れていることを示そうとしたのである。

円了は、かの六宗の歴史を貫く発展原理の図式を彼の著作のあちこちで述べている。円了のこの仏教思想史の図式は、その後の仏教界あるいは仏教学研究の中でそれほど注目されたとは思えない。しかし、彼の図式は大きな思想史的意義を有するものである。

円了の活躍した時代は西田幾多郎、田辺元たちの時代よりはるか以前であり、円了は西洋哲学に関しても西田や田辺が吸収したように接したわけではなかった。また円了をとりまく歴史的状況は、西田や田辺が置かれていた状況とまったくといってよいほど違っていた。

円了の主要著作は『井上円了選集』（東洋大学、一九八七年より刊行中）に収められている。生涯を通じて、円了は当時日本が置かれていた状況を充分に意識しつつ、仏教を単に仏教内部から見るのではなくて、近代ヨーロッパの思想、キリスト教、儒教などとの対話の中から、仏教の伝統を再認識しようとした。したがって、彼の著作のほとんどが、歴史的文献学的なものというよりは、彼自身のパラダイムによって仏教思想を捉え直そうとしたものである。

円了は仏教の諸宗派の思想を、彼が設定した基礎概念（操作概念）によって整理、分類した上で、一種のランキング（教相判釈）を行っている。本章では円了による仏教諸派の思想ランキングを取り上げ、彼が仏教思想の核心をどのようなものと考えていたかを考察したい。

円了が「仏教」という場合の多くは、「今日わが国に現存する諸宗諸派を総括して仏教と称する」（『井上円了選集』第四巻二五四頁）のである。彼は仏教がインドに起源を発し、中国等を経て日本に伝来したことを無視するわけではないが、彼が考察の対象とするのは、「わが国今日の仏教」（第四巻二五四頁）なのである。彼の主眼は、「今」自分自身が置かれている歴史的状況に対してどのような思想をもち、どのように行動すべきかにあったゆえに、円了は日本仏教を考察の対象としたと考えられる。

思想は、それを構築しようとする者が置かれている状況の中でしか生まれない。明治時代における円了にとって仏教的状況とは、日本に伝えられ、育てあげられてきた仏教諸派でしかあり得なかった。

「仏教」つまり日本仏教を、彼は智力的宗教（聖道門）と情緒的宗教（浄土門）に分け、前者をさらに（1）有宗（小乗）、（2）空宗（権大乗）および（3）中宗（実大乗）に分ける。そして倶舎宗（『倶舎論』を中心に研究する宗）は（1）に、法相宗（唯識派）と三論宗（中観派）は（2）に、天台宗、華厳宗、真言宗は（3）に属すると考えた（『仏教活論本論』、『選集』第四巻二五五頁）。この六宗は日本の中で育てあげられてきたものではあったが、円了にとっては、インドや中国の仏教をも一応視野に入れた仏教理論全体の構造を代弁するものであった。

一方、円了が浄土教に加えて日蓮宗や禅宗を考慮する場合には、禅宗、日蓮宗、浄土諸宗（融通念仏宗、浄土宗、真宗、時宗）をまとめて通宗と呼んでいる（第四巻二五六頁）。このように円了の仏教理解の全体的構図の中では、浄土教、禅宗などの扱いが一定していない。このことは円了の教判にあっては、浄土教や禅などがいわゆる智力的宗教に較べて従の立場にあったことを意味している。

ともあれ、円了は浄土教、禅宗などを除いたかの六宗を考察の対象として、仏教諸派の世界に関する思想を分析しようとする。六派それぞれの思想の一つの柱は、世界の構造に関する知的システムである。しかし、浄土教や禅は、世界構造に関する知的システムを自らの思想の中核に据えない方法を採った。六宗の思想の分析に際して、円了は二つの視点（a、b）を導入した。すなわち、（a）六宗それぞれの理論が「事《じ》」と「理《り》」という一対の操作概念の相関関係によって考察できるということ、および（b）仏教は事より理に入り、理よりまた事へと帰るという一種の「発達」（『仏教哲学』、『選集』第七巻一二九頁）を想定していることである。これらの二視点のうち、（a）はそれぞれの宗派の世界観に関係し、（b）は各宗の宗教実践のプロセスに関係する。

このような円了の六宗ランキング（教判）は、『仏教活論本論・第二編顕正論』（『選集』第四巻）に詳しいのであるが、『哲学館講義録・仏教哲学』（『選集』第七巻）にもわかりやすく述べられている。後書（一七八頁）で円了は、六宗の思想をまとめたものとして図19（本書二九七頁）を提示している。

3　事と理という概念

上述の二視点（a、b）を説明するにあたって、（a）では「事界」と「理界」という語が用いられている。実質的にはこの二概念は「事」と「理」に等しい。「事界」、「理界」の「界」にはこの場合、特別の意味はなく、「事界」とは、「事」という概念が対応するものというほどの意味であろう。

事と理とは、中国および日本において用いられてきた哲学的な基礎概念であるが、この二つに厳密に対応する対概念は、インドには存在しなかったと思われる。もっとも今は日本仏教を考察の対象としているのであるから、事・理という基礎概念がインドにあるか否かは問題とならないかもしれない、しかし、六宗のかなりの部分がインド的特質を有していることは否定できない。

円了は『仏教哲学』の中で、事と理を「万法と真如」（第七巻二七頁）と言い換えている。「万法」とはここでは現象世界のすべてのもの（諸法）をいうが、それらを事と呼ぶことに問題はないであろう。しかし「理」を「真如」と置き換えることには疑問が残る。なぜならば「理」とは、現象世界（万法）を貫く唯一の根本原理を指すのではなく、世界を構成する高位から低位にいたる無数のレベルそれぞれに見られる原理なのである。このような意味での理を指し示すもっとも適した現代語は「普遍」であろう。もっとも「普遍」と置き換えると、円了の意味した理と離れてしまう側面も存するのであるが。

理は、世界に存するさまざまなレベルの普遍を総称した語である。例えば、植物界にさまざまな種が存すると同様、動物界にも多数の種が存する。例外的に動物か植物か区別のつかないものが存するとしても、植物界の領域（外延）と動物界のそれとは一応別のものである。したがって、植物界を貫く原理あるいは普遍は、動物界を貫く原理とは常に同一であるというわけではない。一方、植物界や動物界の普遍は共に生物界の普遍の下位に存する。上位にある生物界を貫く原理は、下位にある植物界、動物界のいずれをも貫いている。一方、生物界の領域は存在の領域に完全に包摂される。このように普遍あるいは理には、それが指し示す領域（外延）の包摂関係、あるいは部分的な重なり等によって形成される位階が見られる。植物界、動物界、生物界等の普遍を中間的普遍、存在の普遍を最高位の普遍と仮に呼んでおこう。

インド哲学の諸派は、これらの中間的普遍、最高位の普遍、さらには個物（事）がどのような位階のシステムを作るかを彼らの哲学的問題の中核の一つとした。インドのみならず中国、日本の仏教の諸派もまたその伝統を受けて、事（個物、事象）と理（普遍）という基礎概念を用いながら世界構造を記述しようとした。その結果を円了が自分のパラダイムでまとめたものが、後に考察する図19（二九七頁）である。

ニヤーヤ学派やヴァイシェーシカ学派のようなインド型実在論にあっては、例えば犬の個物と普遍とは明確に区別される。もっともヴァイシェーシカ学派によれば、個物という概念すらなく、特殊（ヴィシェーシャ）は一匹の犬を形成する個々の原子に存すると考えられている。ともあれインド型唯名論に属する仏教にあっては、個物としての一匹の犬とすべての犬に存する犬性という普遍とは、実在論におけるようには明確に区別されるものではなかった。

後世、中国の華厳宗の教学において「事と理とが無礙《むげ》である、つまり互いにさわりなく融合している」といわれたのは、華厳宗がインド型唯名論の伝統を強く受けていたからである。華厳のみならず、程度の差こそあれ、仏教諸派は事と理の無区別あるいは融合の契機を強く含んでいる。円了のいう図19に見られる「発達」は、事と理との融合へという方向を有しており、この方向は唯名論の特質に依拠しているのである。

このように考えてくると、われわれは円了が「理」を「真如」と置き換えた理由を充分理解できる。彼は最高位の普遍（理）を真如と考えていたと思われる。もっとも円了にとっては、最高位の普遍としての真如と中間的普遍である理とは、ヴァイシェーシカ実在論におけるようには明確に区別されるべきものではなかった。円了は最高位の理と中間位の理との無礙、華厳的にいえば「理理無礙」を考えていたのであろう。

理（普遍）の中に、ヴァイシェーシカ学派の考えるような明確な位階システムを想定することは、天台、華厳等の諸派が最終目標とする「事と理の無礙」や「理と理の無礙」の思想の構築にとってはむしろマイナスとなる。だからといって、理（普遍）の位階を指し示す操作概念を持たないのは、世界構造に関する知のシステムの構築にとって好ましいことではない。世界の構造は、基本的には高次から低次にいたる無数の普遍によって形成されているからである。しかし、この中間的普遍に焦点をあてた操作概念が発達しなかったということは、インド型唯名論に属する仏教諸派が程度の差こそあれ持たざるを得なかった弱点である。図19における円了の理（真如）もこのような唯名論的弱点を有していた。

4　現象から真理へ、真理から現象へ

円了の第二の視点（b）は、仏教は事より理に入り、理より事に帰ってくるという一種の発達を想定していることであった。つまり円了は、六宗の仏教思想が全体として宗教実践の過程を示していると解釈していたのである。もちろん円了にしても、倶舎すなわちアビダルマ仏教から始まって密教の真言宗へと到達するように、仏教思想全体が歴史的に意図してきたと考えていたわけではない。図19は明治の仏教思想家井上円了の仏教思想に関するメタ・モデルである。円了は『仏教活論本論』の中で、「仏教にては物心諸象の外に理想真如の本体であることを説き、これに向かって進入するをもって全教の目的とする」（『選集』第四巻二九〇頁）と述べている。ここでは彼は物心の諸現象を事、理想の真如を理と考えている。理としての真如に向かって進むということが円了のパラダイムの中心に存するのである。

彼のパラダイムでは、理への進入という宗教実践の過程（b）が、事と理の関係

（a）という哲学的概念を軸として語られている。この主要原因の一つは、仏教がキリスト教における ような神の存在を前提にしていないことであろう。つまり、円了の「智的宗教」としての仏教が求める宗教的財つまり悟りは、神なきところから説明されねばならない。円了のいう六宗には浄土教におけるような阿弥陀仏の存在は認められていない。彼のいう六宗にあっては宗教的救済は、世界を構成する事と理に対する意味付けによってなされる。個々の事象（事）や普遍（理）は一般に宗教的価値を有していないが、それらが真如へと向かうものとしての、あるいは真如としての価値を有するのは、人がそれらに「聖なるもの」としての意味を与えるからである。

事から理へ、理から事へという方向は、宗教学的に表現するならば、「俗なるもの」から「聖なるもの」へと至り、そして「聖なるもの」から「俗なるもの」へと至る方向であるといえよう。俗から聖に至り、そして俗へ帰るというのは宗教実践一般が有する道程である。特に図19で扱われているような個人の精神的至福を最終目標とする種類の宗教実践は、「聖なるもの」に至ること、あるいはその力を受けることを目的としている。この場合の「聖なるもの」は悟り、救い等を指す。一方、個人の精神的至福を求める型の実践にあっては「俗なるもの」は煩悩等である。

図19に示された道程は、「俗なるもの」から「聖なるもの」へと一直線に至る単純

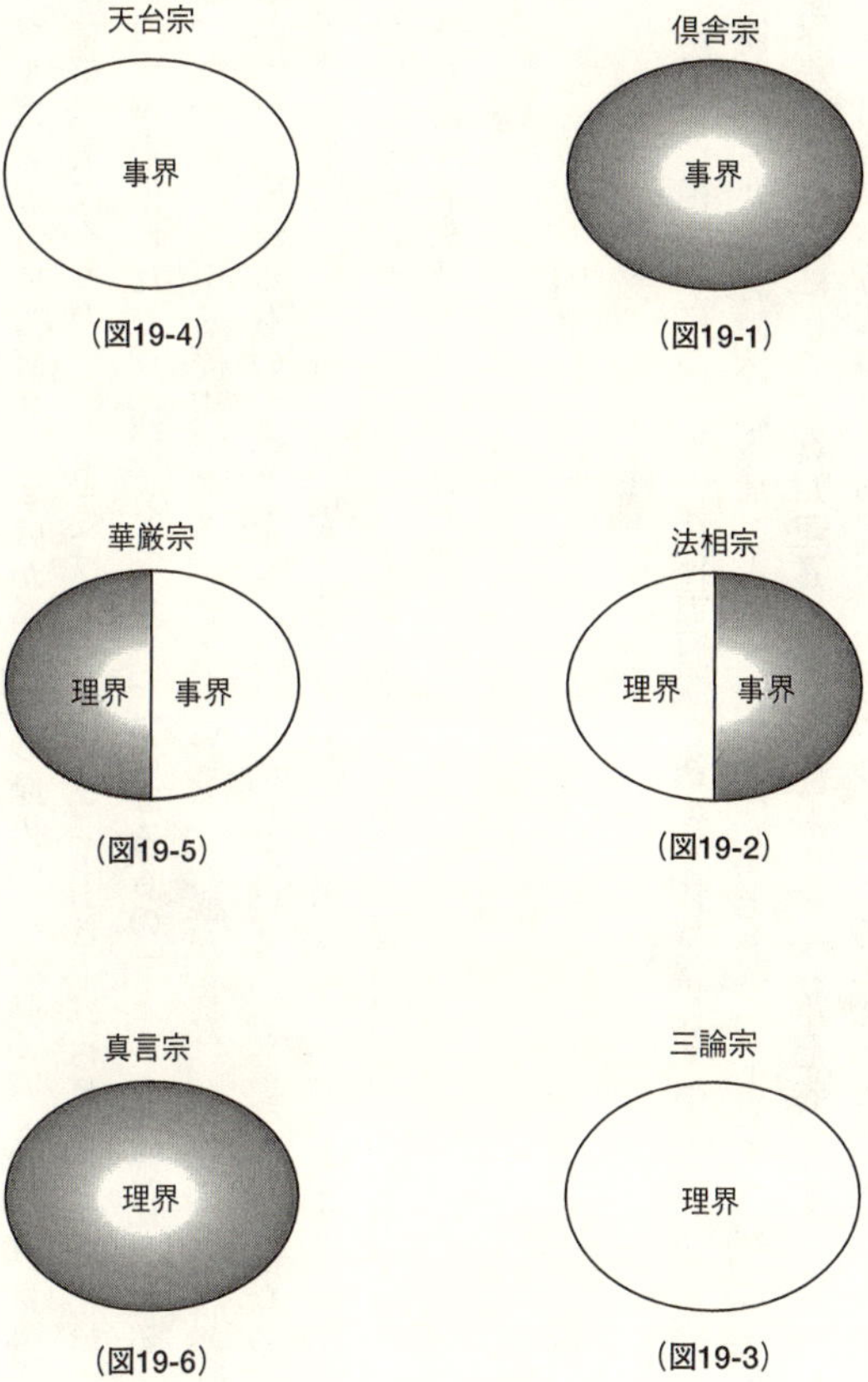
倶舎宗
事界
（図19-1）
法相宗
理界
事界
（図19-2）
三論宗
理界
（図19-3）
天台宗
事界
（図19-4）
華厳宗
理界
事界
（図19-5）
真言宗
理界
（図19-6）

図19　六宗の思想

なものではない。「俗なるもの」として機能を果たすさまざまな事象と、さまざまなレベルにおける理（真如）とのかかわりの歴史が語られている。それは「俗なるもの」が「聖なるもの」の力を受けることによって引き上げられ、最終的には「俗なるもの」が聖化されて、「聖なるもの」と「俗なるもの」という宗教における二極が重なった関係へと至る歴史である。ここにいう「二極が重なった状態」とは、「俗なるもの」が「聖なるもの」へと至った時点を指しているのではなく、「俗なるもの」が「聖なるもの」の力を得て聖化されるとともに、「俗なるもの」としての性格も失っていない状態をいう。円了はこのような歩みを示す一種のパラダイムを生む素材として六宗の諸哲学を扱ったのである。

5　円了の思想パラダイム

円了は、倶舎宗について「法体恒有説（法の本体は常住であるという説）にして、法体とは万法万有の体（本体）を指」（『選集』第七巻一二七頁）すが、「その説全く事界差別上の論にして、真如理界上の沙汰にあらず」（第七巻一二七頁）という。円了は、倶舎宗が万法の実体的存在を認めつつも、この実体的存在が万法を貫く理であるとは見なしていない。それゆえに、彼は倶舎宗が真如には言及していないと考えている。図19－1では、事界つまり個々の現象が網がけで示されており、倶舎の理論では現象世界が存在するものとしてハイライトされていることを示している。この円了の考え方が歴史的に正しいか否かは問題になろうが、ここでは、円了が倶舎のシステムをそのように考えたということを確認するにとどめたい。

図19－2は法相宗が事界（諸法、現象）と理界（真如）との両者を区別して、いわば二元論的に考えていると、円了が理解したことを表している。「一切の万法は第八識すなわち阿頼耶識《あらやしき》より開発するものなりと唯心論を唱え、あわせて真如理体の存在を説く。しかれども万法と真如との間すなわち事理の間に区別あり」（第七巻一二七頁）と円了はいう。彼によれば倶舎宗において事界のみが考察の対象であったが、法相宗にあっては事界と理界の両者が考察の視界に入ってくる。しかし、法相宗にあっては、事界と理界の両者は「その間隔歴するもの」であるゆえに、「更に進」んで事と理が円融した世界へと仏教哲学は進んできた、と彼は主張するのである。

したがって、第三番目の三論宗の思想は倶舎および法相の思想を更に一歩進めたものである。図19－3に示された円は白ぬきであり、中に理界と記されている。これを円了は「三論宗は八不《はっぷ》の空理（空に関する理論）を説き（中略）理界のみありて事界なしといわざるべからず」（第七巻一二八頁）と説明する。「八不の空理」とは、竜樹の主著『中論』の冒頭の帰敬偈《ききょうげ》に見られる、八つの否定によって表される空の考え方を指している。その偈は羅什訳によれば、

不生にして不滅、不常にして不断、
不一にして不異、不来にして不去、
能《よ》くこの因縁を説き、善く諸の戯論を滅す、
我稽首《けいしゅ》し礼す、仏を諸説中第一と。

というものである。この偈をサンスクリットから訳すならば以下のようになる。

滅することなく生ずることなく、常住でもなく断絶しているのでもなく、
一つのものでなく多くのものでもなく、来るのでもなく行くのでもない、
戯論寂滅し吉祥なる縁起を説いた、正覚者なる説法者中の第一人者を敬う。

この帰敬偈は、三論宗における空思想の代表的な考え方であるとみなされてきた。

円了によれば、三論宗つまり空の思想を中心とする宗派は、事（現象世界）についてはほとんど触れていないのである。われわれがすでに述べたように、『中論』は事の成立については第二四章一八偈の「三諦《さんたい》の偈」に見られるように触れてはいるが、全体としては事の世界を否定する場面に力点が置かれていることはたしかである。円了はこの点を捉えていっているのである。だが円了は図19―1では網がけ（影つき）であるのに対し、図19―3では白ぬきであることに関して充分な説明をしていない。図19―1では、事界が存在することを示すために円内は網がけになり、「事界」と記されていた。図19―3では円内には「理界」と記されているが、白ぬきである。この白ぬきは空の原理が表面に出ていることを表している。「理界」と記されて網がけで示されるのは図19―6の真言宗の立場である。この網がけは三論宗の場合と異なって理界が肯定的に捉えられていることを示す。

先に引用したように、円了自身「三論宗は（中略）理界のみありて」とはいうが、そのあり方が倶舎宗における事界の場合とは異なっていると考えていたと思われる。つまり、図19―3の円内の白ぬきは、円内が三論宗の理界つまり空性を無あるいは否定原理と考えたことを示している。図19においては、円内が網がけにされたときには、その円内に示された原理が存在するものあるいは肯定的なものであることを示す。図19―2では理界の部分が白ぬきであるが、次の三論宗(図19―3)では理界と記された円の内部全体が白ぬきとなっている。これは円了のいう「仏教の哲理の発達」(第七巻一二九頁)の一環を表していると考えることができよう。すなわち、事から進んで理へ、さらに理と融合した事へという道程は、空性という理の媒介を経ると考えられているのである。

第四の天台宗の思想を円了は、「真如平等の世界上に万法差別の世界を顕現する」(第七巻一二八頁)と特質づける。図19―4では白ぬきの円内に「事界」と記されている。これは図19―3の三論宗で理界の考察が終了して、すなわち「理界極まりて」(第七巻一二九頁)、次にその明らかにされた理(空性)に基づく事が、倶舎宗におけるとは異なったあり方で存することが示される。つまり、天台宗における事は、三論宗で明らかにされた空に基づいた事であるゆえに、存しないものであり、白ぬきの円で表現されるというわけである。事が理という原理(空性)の否定を受け、再び事へと帰っていく道程で、図19―3(三論宗)は事が理によって否定された時点を、図19―4は否定を受けたことが再びよみがえりに向けて一歩を進めた時点を示している。

図19―5は華厳宗の立場である。円了は「華厳宗は更に進みて事事の間に融通の理を説くをもって、理界の上に事界あり、事界の上に理界あり」(第七巻一二九頁)と

述べている。華厳宗の立場は天台宗のそれよりも事界への歩みをさらに一歩進めたものである。つまり、事と理界との融通をさらに進めて理界の半円を網がけにした状態であるが、この状態は次の真言宗へと歩むための媒介の役を果たすのである。第六の真言宗は「倶舎宗の裏面にして、また天台宗の裏面にある」（第七巻一二九頁）。図19—6では円内が網がけになっており、理界と記されているが、図19—1では網がけの円内に事界と記されている。しかし、これは倶舎宗における事界が存在するように真言宗における理界が存在することを意味しない。図19—6では、あくまでも事界の存立を許した理界の存在が意図されているのである。図19—4から図19—6までは三つの立場では空に至った者の立場であり、図19—5および図19—6において網がけが現れたとしても、いったん空に至ったという経験は消えないのである。図19—3では理界と記された円内は白ぬきであったが、これはまだ事界の存立を含んだ理界ではないという意味である。

このようにして、倶舎宗の事界を中心とした立場から、三論宗の理界（空性）による事の否定を通じて、事と理との融通した真言宗の立場への「発達」（第七巻一二九頁）を円了は図19によって示そうとした。第六番目の宗である真言宗は、円了にとって日本仏教諸派の中でもっとも理想的な位置にあり、八宗兼学という立場を具現するのは真言宗であると考えていた（第四巻一八〇頁）。ところで、円了が考察の対象とする六宗は、空海が十住心（本書二八二〜二八三頁）として挙げたもののうちの最後の六つと同じである。おそらく円了は空海の十住心よりヒントを得たのであろう。もっとも六宗に関して空海と円了の説明の仕方には大きな違いがある。

円了は真宗大谷派の寺院に生まれており、真言宗の伝統の中に育ったわけではなかったにもかかわらず、仏教諸派の教説の中で真言宗を究極的なものと考えた理由は何であったのか。それは、密教が事（現象世界）と理（真如）との融通を事界のレベルにおいて主張しようとしているからではなかろうか。華厳の教説においても事と理の融通は主張されるが、その立場全体が理論的にすぎる傾向がある。一方、真言密教はあくまで眼前に展開される個々の事象に身を置いた上での立場であると円了は考えたのであろう。チベット仏教のゲルク派の開祖ツォンカパが、自性として成立している以外のもののすべての存在を許したように、円了もまた諸法の存在を許そうとした。空による自己否定に裏打ちされたものであれば、すべてが事（現象）として存在すると円了は考えたのである。

以上に述べたような、円了による諸派の思想の理解には、歴史的文献学的に不正確といわざるを得ない点がある。そもそも倶舎宗の教義が、現象世界（事）から真如

(理)への発達を視野に入れていると主張することは歴史的に正しくないであろう。また法相宗が、現象世界と真如の二元論的教義を有すると考えることも問題であろう。三論宗から天台宗へという「発達」に関しても、これが歴史的事実として主張されるならば、円了の説を誰も受け入れることはできないであろう。

だからといって、図19に見られるような円了のパラダイムが無意味だというわけではない。ある思想家が「仏教の本質」と考える基点に立って仏教諸派の思想を一つのモデルへとまとめあげることは、もしそのモデルが普遍的側面を捉えておれば有意義である。

円了のモデルは、神という出発点から始めるのでもなく、神という終着点へ至ろうとするのでもない。彼の哲学的前提は、万法を理すなわち真如が貫いているという信念であった。もっともこの真如は現象世界の背後に、あるいはそれを超えて、現象世界から切り離されたものとしてある実在ではない。あくまで個々の現象と一体になった理(真如)であった。現象世界にいながら、真如へと至り、また真如と一体となった現象世界へと帰るというのが仏教であると円了はいう。

この円了のパラダイムには、(一)アビダルマから空性に至る行程、(二)いわゆる折り返し地点としての空性、および(三)空性から真言宗の立場までの行程、という三つの時間が含まれている。(一)の時間は右に述べた「現象世界から真如へ至る」場面であり、(二)は真如としての空性であり、(三)は「真如と一体となった現象世界へと帰る」時間である。これらの三つの時間のうち、第二の時間が中核であるが、第一の時間は一方の方向から第二の時間である空性を目指し、第三の時間は空性から離れていく。第一の時間は三論宗の主張する空性を目指し、第三の時間は天台宗の主張する空性から現象世界へと戻るのである。すなわち、ここでの空性はあくまで否定的行程を言うのであって、そこに留まることのできるような実体的な空性は考えられていないのである。

円了のパラダイムの重要性は、空性に至り、また現象世界へと戻る宗教実践の時間的構造を明確にしていることである。空性は決して現象を離れた実体ではない。あくまで人間の自己否定の作業の中で働くものなのである。

本書第1章において述べた「空の思想における宗教的現世否定の様々な対象とその程度に関する理論」の内容がかなりはっきりしてきたように思われる。われわれは空の思想における現世否定の作業を、宗教行為全体の構造の中で見なければならない。空の思想における否定の対象はすべてのものである。その程度は、物理的に自らと他者の肉体と精神を亡ぼすことはないという限定つきではあるが、徹底していなければならない。そして、空の思想は、否定作業によってよみがえるものを待つのである。

6　『般若心経』における色と空

本書においてはしばしば『般若心経』について言及してきた。ここでもまたこの短い経典を考えてみよう。この経典は、先に述べた三つの時間についての考察に最適の材料を提供しているからである。この経典には「色即是空、空即是色」という表現のあることはよく知られている。ここには色から空（空性）へと至るという第一の時間と、空から色へと至るという第三の時間の二つが語られている。そして、空性自体は時間の幅をもたないであろうが、空性が第二の時間である。

『般若心経』はインド、チベット、中国、日本などにおいて実に多くの人々によって注釈されてきた。注釈家たちが問題にしたのは、色と空との関係であった。ある者は色と空との関係を、言葉つまり論理によって理解できると考えたが、他の者は空性は元来、言葉を超えたものだと考えた。すなわち、色と空との関係の理解について、合理的な考え方と非合理的な考え方とが存在してきたのである。このような二通りの解釈の違いについては、上田義文「宇井伯寿と鈴木大拙」上・下（『鈴木大拙全集』岩波書店、月報21・22、一九八二年六・七月）が的確に指摘している。仏教研究の方法を扱ったこの論文において上田義文氏は、仏教研究には「仏教を対象的に研究する」文献学的研究と、「仏教の解明が同時に自己の解明である」主体的研究との二種あるが、仏教の解明には前者のみでは不充分であり、後者が不可欠と述べている。論文のタイトルの「宇井伯寿」は前者の方法を採る研究者の代表として、「鈴木大拙」は後者の立場に立つ研究者の代表として挙げられている。

この論文は『般若心経』の「色即是空、空即是色」という表現についての宇井と鈴木の解釈を対比させる。ここで「色」とは、物質あるいは迷いの世界を意味する。「空」はサンスクリット原典では「空なる（もの）」（シューニヤ）という形容詞である場合もあり、「空性」（シューニヤター、空なること）という名詞である場合もある。すでに述べたように、「シューニヤ」は元来、からっぽというほどの意味であったが、「空性」（空）は仏教史の中でさまざまに解釈された。実体を欠くことという否定的意味に留まらず、真如、究極的悟りというような肯定的な意味にも解釈されたのである。

いずれにせよ「色即是空」が、相反する二つのものを無媒介に一つにしようとしていることは明白だ。「色」とは日常において見たり触れたりするものであり、それは一般常識においてはともかくも存在するものである。その色（物質）が空であるとは矛盾ではないか。この一見矛盾に見えることをいかに弁証するかが、その後の大乗仏教の、さらには近代の大乗仏教研究者たちの主要な課題の一つであった。

文献学研究者たちには、この矛盾的表現を合理的に解釈しようとする傾向があると指摘した上で、上田氏は宇井説を紹介する。宇井によれば、「色即是空」の「色」は「他の事物を離れて独立に孤然として存在する」色であり、「空即是色」の「色」は「他のものと相互相関的に関係し合って存在する」色である（『印度哲学史』岩波書店、一九三二年、二七一頁）。この解釈に対して上田論文は、「本来は矛盾的な構造の『色即空・空即色』の『色』が、肯定される『色』と否定される『色』との二種の『色』に分けて把握されるので、矛盾が解消されるのである」と指摘する。

続いて上田論文は鈴木大拙の言葉を引用してその解釈を紹介する。すなわち、「『色』といふ限定が『空』といふ無限定に融けこむところ、これと同時に『空』が自分自身を『色』といふ限定に映じてゐるところ、ここに、悟りといふ無媒介の感覚が可能になるのである」（『東洋の心』、『鈴木大拙全集』第二十巻、岩波書店、一九七〇年、七二頁）。この解釈では「色が二種に区別されていない。（中略）『色』と『空』、『有』と『無』が一つであると同時に別であるという矛盾的な関係が成立している」

と上田氏は言う。他のところでも鈴木大拙は「非色が色、非我が我、非個己が個己と云ふ意味での空です。『色即是空・空即是色』と云ふ空なのです」と述べている（『仏教の大意』、『鈴木大拙全集』第七巻、一九六八年　四六頁）。

「色即是空、空即是色」に関する二つの解釈をそのように対比させた後、上田氏は、宇井伯寿が「般若心経の主題である般若波羅蜜という行については一言も触れておられない」点に疑問を投げかけ、「般若経の空が般若波羅蜜（悟りの智慧）の行と切り離せないものであることをよく知っておくと、宇井先生の解釈では納得できない所があることに気づくであろう」と述べられている。

宇井伯寿が悟りの体験などそもそも存しないと考えたとは思えないし、上田氏もそのように述べているわけではないと思われる。しかし、悟りの表現方法について、近代日本の仏教学者を代表する宇井伯寿と、仏教者を代表する鈴木大拙の間にはかなりの理解の相違があることは確かだ。また悟りの内容の表現方法がインド、中国、日本それぞれの領域によって力点のちがいが存することはいうまでもない。

般若経のみならず仏教文献一般において、一つの概念が否定的意味と肯定的意味の二つを有することはしばしば見られる。例えば、「色」にはその存在が否定されるべきもの（物質）としての色と、実在はしないが言葉によって仮にその存在が認められるもの（仮説《けせつ》）としての二面がある。このような二つの意味を許すことが必ずしも「悪しき合理主義的解釈」にもならないし、行の否定ともならないと思われる。「色即是空、空即是色」は、悟りを得る前後の一連の実践行為（行）を指していると考えてみることは可能だ。すなわち、(一)色から空に至る時間、(二)空性を直観する時間、および(三)空から色へと帰る時間、という三種の時間を含む宗教行為の総体を指していると考えることができる。同じことを別の概念を用いて表現するならば、「俗なるものとしての色が否定されて聖なるものとしての空性に至り（色即是空）、空性の力によって色が聖化された俗なるものとして生まれかわる（空即是色）」という解釈も可能であろう。この解釈では、色は宇井説におけるように二つの異なった意味を有するが、空という日常の言語活動を越えた悟りの智慧を目指した実践の総体をも視野に入れることができる、と思われる。

『般若心経』におけるこのような三種の時間を先ほど考察した井上円了のパラダイム（図19）と重ね合わせてみると、三一三頁のような図20が得られるであろう。しかし、鈴木はこのような解釈にも批判的であろう。彼は次のように述べているからだ。

大乗の直観の世界では、一つの観念から他の観念へとうつってゆかねばならぬ様な廻りくどい過程はこれを容れる余地がないからだ。一度二元論的世界が飛び越えられると、不可得が可得であり、可得が不可得である。(『般若経の哲学と宗教』、『鈴木大拙全集』第五巻、一九六八年、三九頁)

この「可得が不可得である」場面は、色から空へと至る瞬間および空の力によって色がよみがえる瞬間であり、長い期間をかけて色が順次に否定されていく過程ではない。仏教における実践に関する研究にあっては、空へと至るために色が否定されていく道程を論理的に分析することは可能であり必要であろう。大乗仏教思想の基礎を置いた竜樹の『中論』のほとんどの部分が、「色」を否定する道程を論理的に示すことにあてられている。しかし、いかにその道程を論理的に説明したとしても、それで般若の智つまり悟りが得られるわけではない。竜樹は『中論』の中で「般若智」という言葉すら用いていない。もしも「般若智」という語を用いるならば、その呼ばれたものが実体と考えられる危険性が存するからである。それが般若智に向かう竜樹の態度であった。

悟りの智を得ること、そしてそれを悟ることは絶望的に難しい。かといって、仏教研究にとって悟りの智を除外することは自滅行為だ。鈴木大拙は知性の彼方、つまり

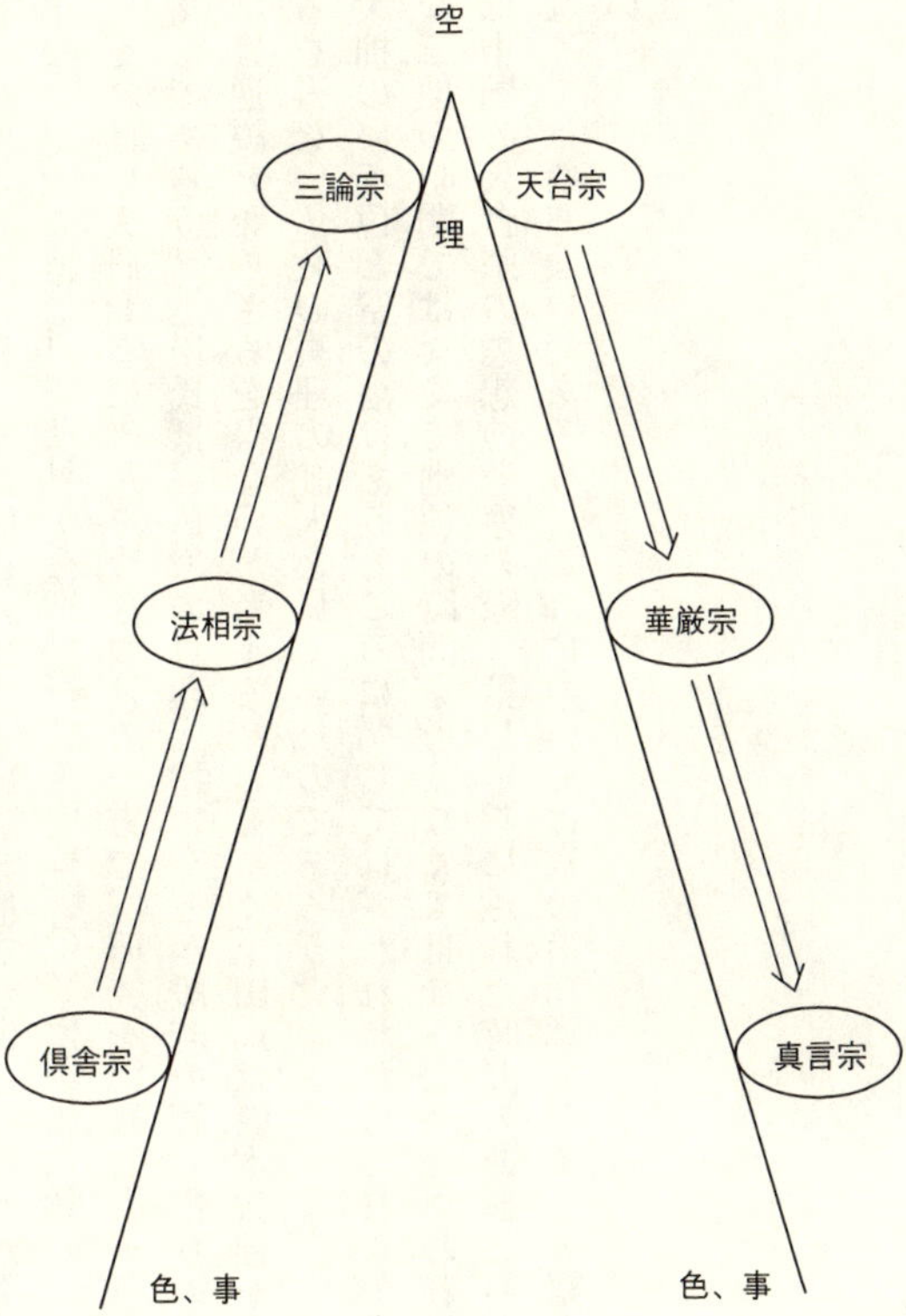
空
三論宗
天台宗
理
法相宗
華厳宗
倶舎宗
真言宗
色、事
色、事

図20　六宗と色・空

般若の智に「至るまでには、その間にはさまる経験の歴史がある、これが非常に偉大な出来事なのだ」(前掲書四九頁)と述べる。その経験の歴史が仏教者の伝える伝統であり、それは仏教研究者に困難をつきつける一方で、研究を続ける力を与えてくれるといえるであろう。上田氏は、仏教の真理、特に空とか般若の智の悟りの表現は、究極的には逆説とならざるを得ないと考える。おそらく上田氏は鈴木大拙を逆説的にならざるを得ない仏教の真理の証人と見ていたのであろう。

鈴木大拙のいう色と空の溶けあうところに関しては、われわれはこれまで考えてきたような三種の時間ではなくて別種の時間を考えなくてはならないと思われる。そのためには中国の天台宗の思想の考察の際(第12章)に触れた時間の逆転という観念を導入しなくてはならないであろう。これについては次の第15章で改めて考察することにしたい。

第15章　空思想の現在

1　ヒューマニズムの両義性

　欧米文化をその中心においてきた近現代は、理性すなわちロゴスに全面的な信頼を寄せてきた。理性とは人間に本来与えられているものであり、それによって人間は整合的な知のシステムをつくりあげることが可能だ、と近代では信じられてきた。その知のシステムは科学と名づけられた。人間は科学によって知られた法則を自然に再適用することによって、より幸福な生活を得ることができると考えてきたのである。

　事実、自然科学によって得られた知のシステムと、それを世界・自然へと適用する高度な技術は、この一～二世紀の間にわれわれの生活を大幅に変えてしまった。このような理性への信頼に支えられた近代合理主義の思想モデルは、かの哲学者デカルトに始まるといわれる。「我思う、ゆえに我あり」という彼の言葉は有名だ。この言葉は「私がものを認識するから私が存在する」と言っているのではなくて、対象を疑っている自分は確かで信頼に足るものだと主張しているのである。つまり、世界のさまざまな現象に対して疑問を持ちながら、その現象の中に存在する法則を見出そうとするその私は確かなものだ、とデカルトは考えたのである。

法則を求めている主体そのものは信頼に足ると考えて近代の人間たちは、自然の加工あるいは征服の道をひたすらに歩んできた。もっとも近現代においても、理性そのものに対する疑問が提出されなかったわけではない。理性の世紀と呼ばれる一九世紀においても、理性に対するさまざまな反逆があった。最近の研究は、デカルトの思想の中にも理性に対する信念の揺らぎがあったのではないかと指摘している。

とはいえ、人間たちは二〇世紀の半ばまで、つまり、第二次世界大戦が終わる頃までは、人間の理性をおおむね信ずることができた。マルクスやレーニンの史的唯物論も、人間の理性に信頼を置いた一種の楽観主義であった。マルクスは、一部の人々が労働者たちを搾取しているゆえに、労働者たちの生活は悲惨なのであって、労働者たちの労働に見合った富が正当に分配されるならば、彼らは解放されると考えた。自然は人間たちの生活に必要な素材を無限に供給することのできる源泉であって、生産物の余剰が増加するにつれて人間の生活はより豊かなものになる、と彼は考えたのである。

マルクスは物をより多く生産し、その余剰が一部の人によって搾取されなければ、人々の生活はより幸福になるはずだと考えたが、その際、彼は物を生産し続けたその先がどうなるのかということは考えなかった。また、マルクスは、地球上の資源が近い将来に枯渇することを深刻に考えねばならない時代には生きていなかったのである。

第二次世界大戦が終わった後、人間たちはそれまでに経験したことのないような疑いを抱くようになった。もちろん、二〇世紀の初頭からこの傾向は明らかになっていたのではあるが、それまでは何とか信頼に足ると思われていた理性が実は不確実なものであり、信頼に値しないのではないか、と多くの人が考えるようになったのである。

それまでは、例えば、数学などの科学は確実なものだと信じられてきた。ドイツ観念論の哲学者カントの引いている例で言うならば、五プラス七が一二になる、これは先験的に人間が知り得る真理なのであって、彼にとっては疑うべくもない事実だった。しかしそのように確実なものと信じられてきた数学さえ、確実なものではないことが明らかになった。つまり、デカルトの言う「疑う我」をも現代人は疑うようになったのだ。

今日、人間の行為によってできた産物には、人類あるいは地球をも滅ぼしてしまう力が備わっていることを誰もが知っている。人間たちは地球の温度さえ上昇させてしまったが、その環境悪化を正常に戻す手だてを持っているかどうかははなはだ疑問だ。今日、ほとんどの人が思想的支柱を失っていると感じている。先導的な思想がいかに可能なのかを問うことさえためらわれる状況だ。

現代の状況は近代合理主義の所産であり、この近代主義の根底にキリスト教精神があると言うことはおおまかには許されることだろう。このような状況にあって、伝統を異にする仏教思想の中に現代思想としての可能性を見出そう、と試みることは無意味ではない。キリスト教が行き詰まり状態であるということは、多くの人の認めるところだ。これまでヨーロッパやアメリカにおいて先導的な思想の一つであったキリスト教が、将来、これまでのような指導力を発揮することができなくなっていることは確かなのである。

この半世紀における生産技術の変化の大きさは、誰も予想できなかったであろう。生産技術を改善すれば、現在の二倍もの人口を養うことができるという信念に支えられて、インドや中国ではこの三〇～四〇年の間に、人口を二倍に増やしてしまった。

半世紀後には、地球の人口は途方もない数となる。それはほぼ確実なことだが、その時、われわれの生産技術がすべての人間の生存に必要なものを与えることができるだろうか。食料は何とか確保できるかもしれない。だが、それに伴って必要なものを人々が手に入れることができるかどうかは疑問だ。より快適でより便利な生活を望むこと自体、誰もそれを止めることはできない。だが、人間たちの欲望のままに進むならば、世界的規模の破滅が起きるとかなりの確率で予想できる。人類は自分たちの欲望を、みずからの手で制御すべき手だてを真剣に考える時に至ったのではなかろうか。

現在、世界各地には飢えに苦しむ多くの人々がいる。その人々も欲望を制御すべきだと言っているのではない。飢える人々の数を多くしないためにも、人類は何を望んでよいのかを考えるべきだと思うのである。弱肉強食の自由競争を人類がこの先の半世紀間続けたならば、人類は今よりはるかに苦しい状況に追い込まれるであろう。近年グローバル化現象が進んでいる。しばらくはこのグローバル化現象によっていわゆる自由競争は進み、人々の生活はより便利なものとなるだろう。しかし、ヒマーラヤの山奥からでもブランド品が注文できて便利だ、などということではすまないのである。全世界が均質的な市場になってしまう危険をはらんでいる。世界市場ができあがる前に、思いもかけない抵抗にあって頓挫し、混乱が残るだけかもしれない。

合理的理性に信頼を置きつつ、飽くなき世界改造を人間たちが進めてきた背景には、近代ヨーロッパの悪しき人間中心主義があった。悪しきヒューマニズムである。「ヒューマニズム」という語は、よき人間性の発露という意味にも用いられるが、人間のすることは何でも許されるという考え方をも指している。人々がヨーロッパ近代のあり方を反省し始めた今では、悪しき意味でのヒューマニズムを問題にする者たちの数が増加してきている。

この悪しき人間主義の根はキリスト教にある、と言っても過言ではない。その思想的な根幹、少なくともその一部はキリスト教にあると思われる。世界あるいは自然は、人間の生活に利用すべく神から与えられた素材なのだとキリスト教は主張してきた。キリスト教世界において、そのような考え方が定着してきたのをわれわれは歴史の中に見ることができる。神は地上に神の国を建てようとするが、人間はその意思を実現するための道具であり、世界・自然は人間の道具あるいは素材であった。少なくともそういった側面が強調されてきたのである。

2　仏教と自己否定

仏教は、近代ヨーロッパにおけるような人間中心主義の立場をとってはこなかった。人間の行為や欲望あるいは煩悩を、そのまま肯定あるいは是認するのではなくて、常にそれらを制御しながら、否定の網に通そうとしてきた。その否定の網とは、すべての行為や欲望を捨て去ることを命じているのではなくて、行為や欲望を浄化するための呼びかけであった。このような否定の網をくぐる作業の行程およびその網をくぐる瞬間を、仏教の伝統は「空」と呼んできた。空の網を通り抜けて浄化された世界は縁起と呼ばれる。空の働きが縁起の世界を生むのである。ちなみに「縁起」という語は、俗なるものとしての現象世界を指すこともあり、悟りの智慧としての空性と同じ意味に使われることもある。さらにこの場合におけるように、聖化された世界をも意味する。

周知のように、仏教は、世界を創造した神の存在を認めない。したがって、世界・自然は人間の意のままに加工できる素材でもなければ、自分たちの生活を利するための道具でもない。仏教はその歴史の後半において密教を生んだが、密教の教理によれば、この世界そのものが仏、例えば、大日如来のすがたをとっているのである。大日如来とは悟りの知慧がすがたをとったものをいう。この密教の考える世界は、決してヘーゲルの言うような世界精神の自己展開ではない。あくまで、人間の自己否定の作業を通じてよみがえってきた世界、あるいは縁起なのである。知慧が、そのようなすがた、つまり世界のすがたをとって自己を見せているのだと密教は主張する。

空という自己否定のふるまいに通すとき、仏教は人間の理性に全面的な信頼を置いてはいない。言うまでもなく、空あるいは空性とは、思考を放棄して神秘的直感の中に逃げ込むことを意味しない。デカルトの言う、疑う我をも疑いつつ、自分の行為に一定の方向と基準を与える態度が空なのである。もっともここで述べた空の思想は、一つの思想的モデルであり、現実的な力を有するためには、これから幾多の自己変革や具体的な社会とのかかわりを経ていかなくてはならない。

宗教とは行為形態である。俗なるものと聖なるものとの区別を意識した合目的的な行為の形態である。この行為形態には、すでに本書第1章において述べたように、世界観つまり現状認識、手段および目的という三つの要素がある。また、あらゆる行為は時間の中で行われる。行為の行われる時間は、（一）目的が達せられる前の時間、つまり、その目的に向かって進んでいるときの時間、（二）目的が達せられるその瞬間、および（三）目的が達せられた後の時間、というように、三つの時間に分けられる。

竜樹の主著『中論』の中の有名な偈、「縁起なるものをわれわれは空性という。それ（空性）は、仮説であり中道である」でいえば、空性に至るという目的が達せられる前の縁起（現象世界）の世界は第一の時間、空性に到達する瞬間が第二の時間である。そして、空性に到達した後の時間は仮説の時間すなわち第三の時間であるというように、三つの時間が語られていると解釈できる。

『中論』に示される三つの時間のうち、竜樹および初期・中期中観派の関心はおおむね第一の時間にあった。第一の時間では世界が否定されるという道筋を通って空性へと導かれる。世界が否定されるとは、とりもなおさず自己が否定されるということである。元来、仏教が考えた世界とは、宇宙という意味ではなく、自分の感官によって捉えることのできる周囲世界と自分の心作用をまとめて意味したのである。

このように、仏教において最も重要なことは、自己否定である。自分を否定し世界を否定していく。その否定はよみがえらせるための否定ではあるが、ともかく現世を否定する行為がまず始められる。そして、否定そのものが目的に達する原動力となるのである。

3　よみがえりの後で

問題は、「空」に至った後、虚無の中に住むのか、われわれにはすべてのものがないのか、思惟の墓場の中に住まねばならないのかということだ。そうではなく、否定されるものは具体的にはわれわれの言葉、思惟であり、われわれの思惟や言葉が否定された後、それはまたよみがえってくると空の思想は説く。このよみがえってくる場面が、『般若心経』では「空は色である」（空即是色）という句によって表現されているのである。「色は空である」とは、俗なるものを否定することによって聖なるものに至る道筋を示している。そして「空は色である」とは、聖に至ったものがまた俗なる世界に帰ってくる場面、ただ単に帰るのではなくて、俗なるものを浄化して帰ってくる場面を指しているのである。

四世紀頃に『般若心経』が編纂されるが、その後、この経典に対してインド、チベット、中国、日本でおびただしい数の注釈が著されてきた。人々はこの短い経典をテキストにして、自分の考えをその中で述べてきたのである。

インド初期および中期の仏教では、「色は空である」というような言い方は歓迎されなかった。このような逆説が一度提出されると、その後の論理的考察を続けることが困難だからである。インド人は論理的にものを考える傾向の強い人々であり、「色即是空」などという表現は日本では人気があるが、インドではむしろ敬遠されたのである。インド仏教論理学を確立させたディグナーガは「色即是空」などという考えは間違っていると自分の著書に述べている。こうした事情もあってか、インドでは七〇〇年頃までは、『般若心経』に関してほとんど注釈が書かれなかったようだ。

しかし、インドでも八～九世紀、密教が興隆してくると、『般若心経』に対して人々は注釈を書き始めている。密教では俗なるものと聖なるものとが無媒介に一つにされる傾向が強い。『般若心経』も逆説的要素を多分に含んでおり、巻末には真言を述べているという意味で、初期の密教経典に属するといえるであろう。「色即是空」という表現は、われわれが日常見ているものが空なるもの、無なるものであるというのであるから、相矛盾する内容を伝えている。この「空」とは悟りであり、「色」とは迷いの世界であるゆえに、迷いは悟りだというのと等しい。だが、「迷いは悟りだ」という場合、聞いた者にある種のショックを与えることはできても、その後は、論理放棄あるいは思惟放棄となってしまう危険が伴う。このような危険をインド人たちは意識して避けようとした。一方、相反するものを無媒介に結びつけるこのような表現は、中国や日本においては、「真理を表現する言葉」として重視されたのである。

チベットでも、『般若心経』に対してかなりの数の注釈が残っている。チベット仏教徒は、合理主義的な考え方をする者たちと非合理主義的な者たちの二つに分けることができる。大まかにいってダライ・ラマの学派ゲルク派は合理的に考え、ニンマ派の人たちには非合理的なものを重視する傾向が強い。今日残されているチベット人による『般若心経』の注釈は、ダライ・ラマの学派ゲルク派の立場で書かれたものが多いが、この派では、「色即是空、空即是色」という表現の内容を合理化しようとする努力がなされた。

中国においては、インド的あるいはチベット的な注釈の仕方とは違った態度でこの経典の注釈が書かれた。天台、華厳、禅などの中国仏教諸派には「矛盾が仏教の真理である」という了解があったと考えられる。実際「迷いは悟りである」、「物質は空である」という表現を合理化しようとする努力はあまりなされていない。する必要がなかったのである。

元来インドでは「空である」（シューニヤ）という言葉は、ものは無常なものであり、移ろいやすいものだから執着するな、というメッセージを伝えるものであった。つまり、「空」には元来、ものに執着するな、というように修行僧を教える否定的側面が強かったのだが、中国では、「空とは真理の別名なのであり、現象があるがままで真実の姿を表しているその根源が空である」と考えられるようになった。さらに、色そのものに対しても、インド仏教におけるのとは対照的に、肯定的な評価がなされた。「色」すなわち、現前に展開される現象世界はその存在を否定することができず、かけがえのないものである、と考えられた。

日本においても、中国におけると同様、「空」の有する肯定的側面が強調された。つまり、色は否定されるべき俗なるものではなくて、肯定されるべき聖なるものとしての価値を有するようになった。「色即是空」が、「色・形あるものはそのままが真実の相である」というように解釈されるようになったのである。このことが、諸法が実相を表しているという考え方、すなわち「諸法実相」の思想につながっていくのである。「諸法実相」の考え方は西域、中国においてすでにあったが、日本においてますます思想としての肉付けを得ていったのである。

例えば、桜の花はすぐに散ってしまうものであるゆえに、色・形ある桜の花のようなものに執着するな、というように古代のインド仏教僧は説いたことであろう。しかし、日本人は、桜の花は散るから美しいと考える。無常なところに美しさがあるのであって、無常なままの桜の姿が真実を表しているのだと考える。つまり、色・形あるものはそのままに真実の姿を表しているというのである。中国および日本においては、眼前に見えるもの以外に世界はないのであり、これの奥にも世界はなく、現象そのものが真実であるというように、現世肯定主義に傾斜していくのである。

インド人であれば、例えば、桜の花びらを一枚一枚取っていきながら、どこに美があるかと考えることだろう。しかし、日本人はそのようなことはしない。桜の花一つを見て、それが世界だと「感じて」しまう。そして、散る花そのものを「空である」すなわち「真実である」といって憚《はばか》らない。このように「空」という語は、当初は無常性とかそれに執着をしてはならないという意味が強かったのが、次第に実相、真理を意味するようになったのである。

このような「空」の意味の変化は、インド後期仏教、特に密教の時代において見られたのではあったが、中国および日本において特に顕著である。これは日本人による世界すなわち木、花、川などの把握の仕方と関係していると考えられる。すなわち日本では、自然の中のそれぞれのものにある種の命が宿っているというアニミズム的な考え方が古代からあり、今日においてもそのような考え方は生きている。この考え方は仏教とは本来は関係のないものであったが、「諸法が実相である」ゆえに、日本人にとって諸法はそれぞれ命あるものとなったのである。最澄、空海、道元、さらには井上円了といった日本仏教の指導者たちの考え方も、今述べた日本人の自然把握と無関係ではない。彼らは日本的アニミズムの伝統を受け継ぎながら、「空」の否定的側面を充分に意識しつつ、「色」つまり現象世界が元来聖なるものとしての価値を有すると考えてきたのである。

インド仏教、特に空思想の場合は、この紙コップは存在するように見えても、これが存在するかぎり自分の悟りには役立たない、あるいは障害となるのである。それゆえ、そのコップは存在しないものと考えて、その存在を否定しなくては悟りにはたどりつけない。インドでは、この紙コップ、さらには世界が存在しないものだというように言い切るのである。一方、中国人は、この紙コップが現に眼前に存在するではないかと訴える。彼らにとって、これが「空」つまりないものだとは認められない。彼らはものが存在するところから始めるのである。日本人も中国の場合と同様、この世界が存在して、それ以外にあるいはその奥にその本質はないと考える。『般若心経』の「空即是色」は、空が色としてよみがえるという側面、宗教行為の時間としては第三の時間を表現していると見るべきであろう。日本における仏教は、よみがえった世界を見すえることを修道論の中心に据えてきたのである。

4　空とマンダラ

空が色としてよみがえったものの典型は、マンダラである。空の知慧を得た者が見た色の世界がマンダラである、と密教は主張する。マンダラとは、要するに、聖化された世界なのである。その際、マンダラは世界の構造を伝えるものでなくてはならない。その構造を語るものは、マンダラに登場する色・形ある仏、菩薩、須弥山《しゅみせん》などである。

マンダラは、仏、菩薩等と地、水、火、風を中心とした世界の物質部分との複合体をいう。つまり、入れ物としての世界とその中に並ぶ諸尊という二つの部分で成り立っている。

「色は空である」というときは、まだマンダラは現れない。次に「空が色である」というとき、つまり、聖なるものが俗なるものに自分の姿を見せるときに、マンダラという姿が現れてくる。それゆえ、マンダラとは、悟りに至った者の知慧が、この現象世界あるいは仏たちの姿をとって現れたものだと考えられる。「空」とは、一つの静的な状態なり、点を言うのではなくて、俗なるものから聖なるものへ行き、俗なるものを浄化しながら俗なるものに降りてくる、そういった一つの全体的円環的動態（ダイナミズム）を呼んでいるのである。

これまでにもくり返し述べてきたように、「空」は宗教実践の中の一点を指すのではなく、実践の中核を形作る自己否定を続行させる原動力であり、それは実践の全行程を裏打ちしている。つまり、「空」は力として常に働いているのである。

宗教実践を構成する三つの時間のうち、マンダラが現れるのは第三の時間においてである、ということはたしかに正しい。しかしながら、第一の時間においても当然のことながら、マンダラは修行者にそのすがたを現している。密教の修行者はそれを像にして眼前に置き、それとの合一を目指すのである。もともと「教え」は悟った者が語った言葉である。悟っていない者は教えの言葉に接しつつ修行を続ける。

マンダラも一種の教えである。イメージとシンボリズムに満ちた、視覚に訴えた教えである。したがって、修行者は第一の時間においては密教儀礼あるいは実践のシミュレーションを行う。そのシミュレーションにおいて、修行者は自分が第二、第三の時間に仮にいると想像して儀礼や実践を行うのである。第二、第三の時間に至ることは修行者にとって至難の業であるが、第二、第三の時間に至ったと想定して儀礼や実践に臨むのが密教の方法なのである。

マンダラは一般に平面に描かれた絵図だが、後世は三次元的つまり立体としてマンダラが表現されることがある。後世、仏塔も一種のマンダラと考えられた。卵形を基本にして上に平頭《へいとう》と呼ばれるものがついた形が仏塔の形である。この卵形は世界を意味している。

ヒンドゥー教の主要神シヴァのシンボルは、リンガつまり男根である。リンガも仏塔と同様、球体つまり卵形をベースにしている。円筒形のリンガが一般的であるが、卵すなわち球形のリンガもよく知られている。ヒンドゥー教にあっては、リンガはシヴァ神のシンボルであり、生命力の象徴だといわれている。一方、仏塔は仏陀の涅槃を表している。要するに、死の象徴である。生命力と死とは相反するものであるが、死と生という二つの意味はいわばシンボリズムの表層なのである。この表層の下には、卵形によって表される世界という意味がある。この世界という意味は、深層意味と呼ぶことができるであろう。このようにインド人は、世界を生と死との二面を有するものとして表象していたのである。

ヒンドゥー教においては、この世界がシヴァの踊っているすがたであるとか、ヴィシュヌが戯れているすがたであるというように、世界を神の姿あるいは神の身体だとする考え方がしばしば見られる。密教においても、この世界は大日如来のすがたであるといわれる。このような伝統に従えば、この世界を一つの有機体であると見ることができるであろう。この世界の他に神とか根本実在といったものを仏教は認めない。すなわち、もしも聖なるものが存在するならば、この世界が聖化された世界つまりマンダラの中に存在するのである。われわれは自分たちの考察を「空の思想における宗教的現世拒否の様々な対象とその程度に関する理論」と名づけて進めてきたが、ここに至ってわれわれの考察は「空の思想における宗教的現世聖化の理論」とも名づけることができることを知るのである。

今日、われわれは世界をどのようなものと考えるのかという問題に直面している。「空」とは、否定を通じての再生への信仰であり、「空」に至った後の世界が現れるときの一つのあり方がマンダラなのである。マンダラももともと「空」なるものなのであり、できあがったマンダラもまた否定されなくてはならない。世界が否定され、また再生され、また否定されていく。そういった不断の否定作業の中に、仏教の伝統は現世の浄化を進めてきたのである。

道元は「万法の仏法なる時節」すなわち「すべてのものは仏教の真理という時間である」と述べた。彼に従うならば、宗教実践も真理という時間にほかならない。この場合の時間とは、ものや行為と区別されない時間であり、ものや行為のすがたをとった真理としての時間である。

このような立場にあっては、宗教行為を形作る三種の時間それぞれが真理であることになる。道元的な立場に立つならば、宗教行為を形作るどのような時間にあろうとも、それは仏法であり、「空」なのである。

5　空と時間

不断の否定作業を続けるときに、先ほど述べた世界観、手段、目的という三つの区別による秩序が崩れる場面がある。つまり、特に手段と目的、時には三つのすべてが同一になってしまう場面が存するのである。手段が目的となり、そして現状認識も目的になってしまう、そのような瞬間が存する。一宗の開祖や修行者が悟りとか救済の体験を得た場合に、そういった逆転した時間を彼らは経験したと語っている。前章で触れた鈴木大拙の「色が空に融けこむところ」も、この瞬間について語っていると思われる。このような瞬間は、先に述べた第二の時間であろう。

一連の宗教実践の行程において、因果関係では説明できない瞬間が現れるのである。日常のわれわれの生産活動や営業活動においては、より効率のよい生産を目指すゆえに、より合理的な手段を用いて、よりよい結果を生むことを目指している。このような自己本位的な行為に対して、仏教は根本的な疑問を投げかける。そういった人間のあり方が、本当に人間を幸せにするかどうかはわからないからである。

因果関係が成立しない時間の問題は、歴史をどう考えるかという問題とも関係する。われわれは一般に時間が過去から来て未来へ行くのか、あるいは未来から来て過去へと落ちていくのかは別として、ともかく一方に流れていると考えて、原因と手段と結果という系列によって自分たちの行為を考えている。しかし、果たして時間はそのように一本の帯のように流れるものであろうか。仏教はそういった原因、手段、および結果が一系列をなすという考え方が崩れる時点があると、どの学派も口をそろえていう。悟りなり救いなりが達せられたその瞬間においては、過去、現在、未来、あるいは現状認識、手段、結果という系列が崩れる。しかし、その瞬間の混乱が過ぎ去ると、また元のかの原因、手段、結果という秩序に戻ってくる。ただ、第一の時間における世界とまったく同じ世界に戻るというわけではない。その目的が達せられた後、例えば空性を経験した後は、以前とは違った世界、つまり、ただ単に俗なる世界ではなくて、聖なる力によって浄化された世界へ戻るのである。

空が体験される時間、つまり第二の時間の存在を認めることは、空の思想が「言葉による考察の努力をはやばやと捨てて究極的な実在との合一を求める」といった、非合理主義的な神秘主義であるということにはならない。われわれが見てきたように、空の思想は論理による考察を捨て去ることはないからである。もっとも、幅のない瞬間である第二の時間では、論理的思弁は行われないであろう。しかし、この瞬間に人が住み続けるわけではないのである。

空の思想は、人間たちが自分たちの生活のより一層の快適さや便利さを求めて、無制限に自分たちの力を使用することに疑問を投げかける。一人ひとりの人間が自己の欲望の行方を見定めなくてはならないことは当然であるが、人類全体も自らの望み得ることを見定めるために、「自己否定」を行う必要がある。このような意味の集団的実践については、空の思想はこれまでの歴史において具体的、総括的な理論の構築をしてこなかった。これこそが今後の課題であると思われる。

あとがき

ある文化が他の文化に受け入れられるときには、受け取る側の文化の中で変質しながら、受容される。例えば、仏教が中国から日本に受け入れられたとき、仏教は変質しながら日本文化の中に受容された。インドの「空」思想もまた、中国・日本に伝えられる際、内容が大きく変化した。古代のインド仏教徒がもし日本仏教の空の思想に接したならば、それは仏教の思想ではないというかもしれない。それほどに日本の仏教とインドの仏教は異なるのである。だからといって、インド的なものに戻るべきだといっているわけではない。

思想史とは、現在置かれている歴史的状況を把握し、未来における行為を定めるために、過去の思想を解釈することである。思想史とは歴史的状況への対応である。思想史を理解しようとする者がどのような歴史的状況に置かれているかが、思想史の解釈の質を決定する。例えば仏教徒が仏教思想史を考える場合と、欧米のクリスチャンが文献的に仏教史を考察する場合とでは、その内容はおのずと異なってくる。

空とは何か。この問いに答えるものは、まず自分がどのような立場にあるかを知らねばならない。本書の立場は、日本の伝統の中に育った自分の伝統を解釈しようとするものである。

「軸の時代」に生まれたいわゆる世界宗教は、自己否定を重視してきた。仏教もその時代に生まれた宗教であり、自己否定を通じて新しい自己に生まれ変わることを目指したものであった。仏教においてこの自己否定の精神がもっとも顕著に現れたのが、空の思想である。

インド仏教の歴史にあって、空の思想を確立した者は二～三世紀の竜樹である。竜樹はその否定的態度を徹底的に推し進め、「神」も人間も言葉もなくなった寂静の世界を求めた。もっとも、すでに見たように竜樹は、人間も言葉も完全に無となったような状態に入り、そこに止まることを薦めているわけではない。『中論』の論議に見られる言葉を否定する作業は、空性に至ったあとのよみがえりとしての仮説を見すえてのことなのであった。つまり、否定は徹底して行われるが、それは虚無の中に住むためではなく、空性の力によって活性化された世界に住むための準備なのであった。

竜樹は、しかしながら、『中論』や他の著作においても仮説や中道について詳細に述べているわけではない。仮説、中道に関しては、竜樹の伝統を受けた者たちが後世、明らかにしようと試みた。

本書は、「仮説」された世界を現代の思想的状況に合わせて考察しようとする。その考察は私の思想史的考察であるゆえに、当然のこととして、今日の日本の文化的伝統の中に生きている者としての考察なのである。

本書においては空の思想を歴史的にも考察しようと努めている。歴史とは年表を作ることではない。われわれの「時節」における意味を汲みとることが歴史なのである。

とはいえ、本書の目指すものはあまりに大きく、私自身にその試みを行うに足りる資格があるとは思えない。しかしそれでも試みることは現代に生きる者としての責任だと思う。

本書は二〇〇二年度の愛知学院大学および名古屋大学における講義を基にしている。また第15章は二〇〇二年に中部大学高等学術研究所で行った発表に加筆したものである。これらの機会がなければ本書の誕生はなかったであろう。講義や発表を聞いていただいた皆さんに御礼を申しあげたい。

また、本書の出版の機会を与えていただいた講談社編集部に感謝の意を表したい。特に学芸局渡部佳延氏にはこれまでの四冊の本と同様、今回も舵取りをお願いできた。厚く御礼申しあげる次第である。

本書が空の思想の理解にわずかでも役立つことを願いつつ。

二〇〇三年四月

立川武蔵

立川武蔵（たちかわ　むさし）

1942年，名古屋生まれ。名古屋大学文学部卒業後，ハーバード大学大学院にてPh. D取得。名古屋大学教授を経て，現在，国立民族学博物館教授。専攻は，仏教学，インド学。文学博士。著書に，『中論の思想』『西蔵仏教宗義研究（第１・５巻）』『はじめてのインド哲学』『日本仏教の思想』『最澄と空海』ほかがある。

講談社学術文庫

定価はカバーに表示してあります。

空《くう》の思想史《しそうし》

立川《たちかわ》武蔵《むさし》

2003年６月10日　第１刷発行
2016年11月10日　第20刷発行

発行者　鈴木　哲
発行所　株式会社講談社
東京都文京区音羽 2-12-21 〒112-8001
電話　編集（03）5395-3512
販売（03）5395-4415
業務（03）5395-3615
装　幀　蟹江征治
印　刷　豊国印刷株式会社
製　本　株式会社国宝社

ISBN4-06-159600-4

「講談社学術文庫」の刊行に当たって

これは、学術をポケットに入れることをモットーとして生まれた文庫である。学術は少年の心を養い、成年の心を満たす。その学術がポケットにはいる形で、万人のものになることは、生涯教育をうたう現代の理想である。

こうした考え方は、学術を巨大な城のように見る世間の常識に反するかもしれない。また、一部の人たちからは、学術の権威をおとすものと非難されるかもしれない。しかし、それはいずれも学術の新しい在り方を解しないものといわざるをえない。

学術は、まず魔術への挑戦から始まった。やがて、いわゆる常識をつぎつぎに改めていった。学術の権威は、幾百年、幾千年にわたる、苦しい戦いの成果である。こうしてきずきあげられた城が、一見して近づきがたいものにうつるのは、そのためである。しかし、学術の権威を、その形の上だけで判断してはならない。その生成のあとをかえりみれば、その根は常に人々の生活の中にあった。学術が大きな力たりうるのはそのためであって、生活をはなれた学術は、どこにもない。

開かれた社会といわれる現代にとって、これはまったく自明である。生活と学術との間に、もし距離があるとすれば、何をおいてもこれを埋めねばならない。もしこの距離が形の上の迷信からきているとすれば、その迷信をうち破らねばならぬ。

学術文庫は、内外の迷信を打破し、学術のために新しい天地をひらく意図をもって生まれた。文庫という小さい形と、学術という壮大な城とが、完全に両立するためには、なおいくらかの時を必要とするであろう。しかし、学術をポケットにした社会が、人間の生活にとってより豊かな社会であることは、たしかである。そうした社会の実現のために、文庫の世界に新しいジャンルを加えることができれば幸いである。

一九七六年六月

野間省一

酒井得元《とくげん》著（解説・鎌田茂雄）

沢木《さわき》興道《こうどう》聞き書き　ある禅者の生涯

沢木興道老師の言葉には寸毫の虚飾もごまかしもない。ここには老師の清らかに、真実に、徹底して生きぬいた一人の禅者の珠玉の言葉がちりばめられている。近代における不世出の禅者、沢木老師の伝記。

639

友松圓諦著（解説・奈良康明）

法句経《ほっくきょう》

法句経は、お経の中の「論語」に例えられる釈尊の人生訓をしるしたお経。宗教革新の意気に燃え、人間平等の人格主義を貫く青年釈尊のラジカルな思想を、四百二十三の詩句に謳いあげた真理の詞華集である。

679

M・エックハルト著／相原信作訳（解説・上田閑照）

神の慰めの書

「脱却して自由」「我が苦悩こそ神なれ、神こそ我が苦悩なれ」と好んで語る中世ドイツの神秘思想家エックハルトが、己れの信ずるところを余すところなく説いた不朽の名著。格調高い名訳で、神の本質に迫る。

690

柳田聖山《せいざん》著

禅と日本文化

禅とは何か。禅が日本人の心と文化に及ぼした影響、またその今日的課題とは何か。これら禅の基本的テーゼが明快に説かれるとともに、禅からの問いかけとして〈現代〉への根本的な問題が提起されている。

707

大森曹玄《そうげん》著（解説・寺山旦中）

参禅入門

禅を学ぶには理論や思想も必要であるが、実践的には直接正師につくことが第一である。本書は「わが修道の記録」と自任する著者が、みずからの体験に照らして整然と体系化した文字禅の代表的な指南書。

717

鎌田茂雄著

般若心経《はんにゃしんぎょう》講話

数多くのお経の中で『般若心経』ほど人々に親しまれているものはない。わずか二六二文字の中に、無限の真理と哲学が溢れているからである。本書は字句の解釈に捉われることなく、そのこころを明らかにした。

756

宗教

ユダヤ教の誕生
荒井章三著

放浪、奴隷、捕囚。民族的苦難の中で遊牧民の神は成長し宇宙を創造・支配する唯一神に変貌する。キリスト教やイスラーム、そしてイスラエル国家を生んだ「奇跡の宗教」誕生の謎に『聖書』の精緻な読解が挑む。

2152

ヨーガの哲学
立川武蔵著

世俗を捨て「精神の至福」を求める宗教実践は「根源的統一への帰一」へと人々を導く――。チャクラ、調気法、坐法、観想法等、仏教学の泰斗が自らの経験を踏まえてヨーガの核心をときあかす必読のヨーガ入門。

2185

インド仏教思想史
三枝充悳著

古代インドに仏教は誕生し、初期仏教から部派仏教、そして大乗仏教へと展開する。アビダルマ、中観、唯識、仏教論理学、密教と花開いた仏教史に沿って、基本思想とその変遷、重要概念を碩学が精緻に読み解く。

2191

往生要集を読む
中村　元著

日本人にとって地獄や極楽とは何か。元来、インド仏教にはなかったこの概念が日本に根づくのには『往生要集』の影響があった。膨大なインド仏教原典と源信の思想を比較検証し、日本浄土教の根源と特質に迫る。

2197

密教とマンダラ
頼富本宏著

真言・天台という日本の密教を世界の仏教史のなかに位置づけ、その歴史や教義の概要を紹介。胎蔵界・金剛界の両界マンダラを中心に、その種類や構造、思想、登場するほとけたちとその役割について平易に解説。

2229

グノーシスの神話
大貫　隆訳・著

「悪は何処からきたのか」という難問をキリスト教会に突き付け、あらゆる領域に「裏の文化」として影響を及ぼした史上最大の異端思想のエッセンス。ナグ・ハマディ文書、マンダ教、マニ教の主要な断章を解読。

2233